Dounia

Revue d'intelligence stratégique
et des relations internationales

Kinshasa, Lubumbashi, Bruxelles, Paris

Octobre 2021

Directeur de la publication
Henri Mova Sakanyi

Directeur de la rédaction
Eddie Tambwe Kitenge

Réalisation
Perry-Noël Molodi Labol et Glodi Ngwanga Meyi

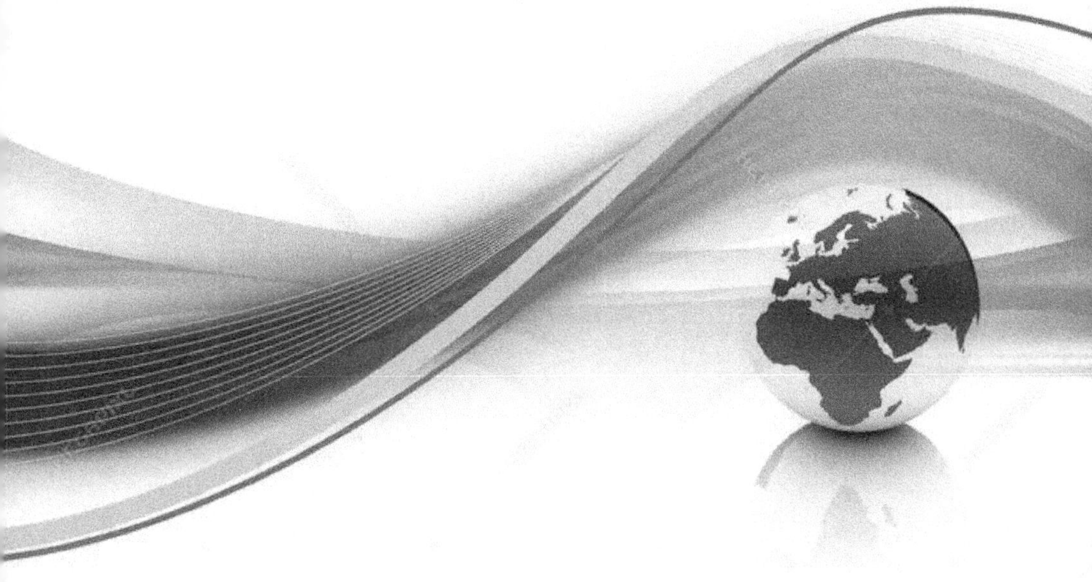

Enjeux de la transformation numérique en République Démocratique du Congo

Textes rassemblés et coordonnés par
Eddie Tambwe Kitenge

L'Harmattan

Une publication du CISRI
Centre d'Intelligence Stratégique et des Relations Internationales

5-7, rue de l'École-Polytechnique ; 75005 Paris

http://www.librairieharmattan.com

ISBN : 978-2-343-24649-9
EAN : 9782343246499

Qualité des auteurs

Eddie Tambwe Kitenge
Professeur des sciences de la communication et de la sociologie du Pouvoir. Auteur de plusieurs ouvrages et publications scientifiques sur les enjeux de la communication, et sur la dialectique (d'essence conflictuelle) Pouvoir/Communication en Afrique.

Bob Tumba Matamba
Président du Fonds Okapi pour la conservation de la nature en République Démocratique du Congo. CEO puis PCA de l'opérateur télécoms TIGO de 2000 à 2013. Président du Comité professionnel des télécoms à la Fédération Economique du Congo, de 2003 à 2013. Auteur de plusieurs ouvrages économiques.

Arthur Yenga Maombe Neko
Vice-doyen de la Faculté des Sciences de l'Information à l'Institut Facultaire des Sciences de l'Information et de la Communication (IFASIC) et intervenant à l'Université de Kisangani. Enseignant des matières portant sur les Technologies de l'Information et de la Communication, notamment *Les nouveaux médias, les réseaux sociaux, les industries culturelles.*

Jean-Pierre Muongo
Chercheur, Economiste, Entrepreneur, Directeur Général Honoraire de la Société Congolaise des Postes et des Télécommunications (SCPT).

B. Bercky Kitumu Mayimona
Professeur de la Faculté des Sciences de l'Information à l'Institut Facultaire des Sciences de l'Information et de la Communication l'IFASIC. Il y enseigne les théories et les technologies de la communication numérique.

Kodjo Ndukuma Adjayi.
Professeur des universités, ancien vice-doyen à la recherche puis à l'enseignement en faculté de Droit à l'Université Pédagogique Nationale, il enseigne le droit et l'économie des télécoms, l'intelligence économique, les droits du numérique, de l'informatique, de la cybercriminalité et du e-commerce. Directeur de la collection « Enjeux et droits numériques » chez L'Harmattan à Paris.

Bob Bobutaka Bateko
Professeur à l'Institut Supérieur de Statistique et à l'Université de Kinshasa. Chercheur en bibliologie et en sciences cognitives, il théorise également sur l'intelligence artificielle et sur l'épistémologie du numérique dans les sciences de l'information et de la communication.

Sosthène Mova Kawen
Juriste, spécialiste en droit des affaires, avec comme autres centres d'intérêt la communication digitale et la neuroéconomie.

Guillaume Kingh-Farel.
Doctorant à l'Institut Facultaire des Sciences de l'Information et de la Communication.

Farida Eliaka Bombende
Doctorante en sciences de l'information et de la communication de l'Université Catholique du Congo, avec la bibliologie comme domaine d'attache. Elle s'intéresse aux sciences de l'écrit et à leurs mutations à l'ère du numérique.

Gloire Kitambala
Titulaire d'un master II en Communication politique et digitale, Gloire Kitambala Efoto est doctorant en Sciences de l'Information et de la Communication à l'Université de Kinshasa.

Henri Mova Sakanyi
Professeur des relations internationales à l'Université de Kinshasa, il est directeur général du Centre d'intelligence stratégique et des relations internationales (CISRI).

Sommaire

RD Congo : le tournant numérique

Eddie TAMBWE Kitenge

Pour comprendre les enjeux et phénomènes liés à la présente problématique, il serait fort utile, ce nous semble, de (re) convoquer méthodologiquement leur contexte général d'apparition. Un contexte marqué, à l'instar de tous les autres phénomènes de la communication, par les enjeux économiques. La longue histoire des sciences de l'information et de la communication (SIC) nous renseigne que c'est toujours et d'abord l'économie qui explique l'apparition des nouveaux paradigmes de communication.

Pour comprendre le phénomène des Technologies de l'Information et de la Communication (TIC en sigle et dans la suite du texte), celui du multimédia en tant que possibilité technique de (super) poser plusieurs médias sur un seul support, donc celui de la transformation numérique, il faut préalablement rappeler la philosophie économique dans laquelle rentre la problématique numérique. Pour ne pas remonter trop loin dans l'histoire, partons du courant intellectuel et scientifique porté par la sociologie du post-industrialisme. Dès les années 1950, puis dans les années 1960 et 1970, des auteurs comme Fritz Machlup, Daniel Bell et Alain Touraine posent les premiers jalons de ce que l'on appellera plus tard l'économie de la connaissance[1].

Le courant de la sociologie du post-industrialisme théorise sur un

[1] Lire le livre: *The production and distribution of knowledge in the United States.*

nouveau type de société identifiée comme la société postindustrielle qui aurait pour principale caractéristique la subordination des éléments matériels (matières premières et machines) à des éléments immatériels (connaissance et information) dans l'organisation sociétale. Telle à l'instant définie, la société postindustrielle impose un modèle paradigmatique qui dépasse celui de la société industrielle. Celle-ci fut basée sur la prééminence du matériel sur l'intelligence, du hard sur le soft.

Durant des décennies, la science sociologique classait ainsi les paradigmes de développement, selon le schéma suivant : le secteur primaire ; le secteur secondaire (industries) ; le secteur tertiaire. Pour les tenants de la théorie postmoderniste, la société postindustrielle confirmait le dépassement des nécessités matérielles qui permettrait à l'homme de se consacrer pleinement aux développements des connaissances. Une nouvelle économie, l'économie du savoir, se développerait de manière précise. Il s'agit, en somme, d'une société dite de l'information qui désigne un état de la société dans lequel les technologies de l'information jouent un rôle fondamental. On voit donc ici les liens dialectiques entre les concepts suivants : société de l'information, économie du savoir, société de la connaissance, capitalisme cognitif, société industrielle. Ces concepts marquent une nouvelle phase de l'histoire économique dans laquelle nous sommes entrés depuis quelques décennies[2]. Pour clore, on notera que ce nouveau type de société n'aura été possible qu'à la suite de la conjonction de divers facteurs : l'expansion du secteur de services (le tertiaire) et des activités immatérielles, la propagation des progrès technologiques, des technologies de l'information et de la communication, de la biotechnologie, de la mondialisation. Relevons aussi les avancées techniques suivantes, dès le milieu des années 1960 : l'alliance entre l'audiovisuel et les télécommunications ; l'alliance entre l'informatique et les télécommunications ; le développement de la télématique, qui permet d'échanger à distance les textes et les graphiques grâce au langage alphanumérique. La télématique permet de consulter des services d'informations, traitées et stockées dans des bases ou des banques de données, accessibles grâce à des réseaux de télécommunications. La télématique étend à tous l'usage d'un média réservé jusque-là à des spécialistes. Dans la même lancée technologique, au milieu des années 1980, la mise au point et le développement rapide du disque compact audio (CD) allaient consacrer l'alliance entre l'informatique et l'audiovisuel. Enfin, le développement du langage numérique (succession de 0 et de 1) permet aux textes et aux graphiques de circuler d'un ordinateur à l'autre grâce aux réseaux du téléphone. Tout cela s'effectua à l'ombre des expérimentations qui

[2] La Journée mondiale de la Société de l'information a lieu tous les ans le 17 mai selon l'adoption par l'assemblée générale de l'Organisation des Nations unies.

aboutiront à Internet, dont l'histoire remonte aux années 1950.

Techniquement, Internet offre la possibilité d'interconnexion de réseaux informatiques à l'échelle planétaire, quelles que soient les spécifications techniques des ordinateurs. Ce réseau des réseaux a ainsi connu une expansion rapide et exceptionnelle, au regard de l'histoire générale des technologies de la communication. Constituant le symbole le plus visible des Technologies de l'Information et de la Communication, Internet pose l'articulation entre les attentes sociales et l'offre technologique d'outils, dans un processus systémique d'appropriation.

A l'instar de tous les pays du monde, la République Démocratique du Congo (RD Congo ou RDC, en sigle et dans la suite du numéro) est, à ce jour, confrontée au concept stratégique de la transformation numérique. La communication numérique a, en effet, envahi notre quotidien, en bousculant nos sphères professionnelle, privée et symbolique. Le débat sur la résistance aux injonctions de la culture numérique n'est plus d'actualité. Nul ne peut savoir quand la révolution numérique atteindra son point culminant. Nul ne peut prédire quels en seront les effets. Hypothétiquement, le propos à développer dans les pages du présent numéro de la revue *Dounia* prend en compte le fait sociologique, incontestable, que, de nos jours, la communication numérique provoque indéniablement des transformations profondes, des re/de/structurations des dynamiques économiques, sociales, culturelles, symboliques, donc professionnelles.

Les auteurs sélectionnés pour ce neuvième numéro de la revue stratégique et internationale *Dounia* tentent, successivement, de donner un contenu au concept de transformation numérique en RDC, chacun privilégiant un angle d'analyse, chacun objectivant un phénomène spécifique tiré du champ social congolais.

Depuis au moins deux décennies, à l'instar des autres contrées du monde, la RDC se retrouve de plain-pied dans la modernité numérique, avec le processus continu et inexorable d'expansion d'Internet. Pourtant, le pays est encore aux prises avec les enjeux liés à la réappropriation de la galaxie Gutenberg : l'écrit, avec ses enjeux, non seulement d'alphabétisation mais également d'inculturation de la logique graphique et des schèmes de la pensée graphique (relire sur le sujet les travaux de Robert Estivals ou de Jack Goody) et de la galaxie Marconi (l'audiovisuel, avec ses problématiques de socialisation).

Obligeant la RDC à un saut en avant, la galaxie numérique est, à ce jour, une réalité prégnante qui oblige au dépassement des anciens paradigmes et à l'ouverture des approches nouvelles et plurielles dans l'analyse de la sociologie des médias[3]. Techniquement. Sociologique-

---

[3] *Cours de Sociologie de la communication*, Unikin, 2015.

ment. De fait, la communication numérique pose (et impose) un nouveau paradigme, que chercheurs et professionnels de tous les domaines sont obligés d'intégrer dans leurs grilles de lecture et d'analyse de la société contemporaine. Au risque de marginalisation.

Tous les domaines structuraux de la vie nationale – éducation, commerce, armée, administration publique, diplomatie, politique, télécommunication, médias de masse, etc. - ressentent les effets de (de) (re) structurations entrainées par les nouvelles applications numériques. Située en plein centre du continent, et dotée, en matière de communication numérique, d'un potentiel plutôt significatif au regard des critères économiques, géostratégiques, (télé) communicationnels, démographiques, la RDC n'aurait pu échapper à la révolution numérique. A la lumière des chiffres et faits sociaux, on pourrait raisonnablement avancer, sans risque de se tromper, que le phénomène numérique poursuivra inexorablement sa progression dans le pays, avec, en perspective, la constitution d'un véritable empire numérique au cœur de l'Afrique.

Une hypothèque historique est certes à relever pour comprendre la situation générale du pays dans le domaine. Nos propres travaux[4] (antérieurs) ont tenté de contextualiser les raisons du retard pris par le pays dans la diffusion des accès et des usages des TIC. Notons d'abord que si la mise au point d'Internet se réalisa entre 1959 et 1969, il fallut attendre la décennie 1990 pour voir le réseau élargi à un public plus grand, à la suite de la mise au point du *World Wide Web*, système de langage qui facilite l'utilisation du réseau par le grand public. Le début des années 1990 voit l'apparition plus accrue des sites *Web* grâce au logiciel de navigation *Mosaic,* notamment. En 1995, l'arrivée du logiciel *Netscape*, distribué gratuitement, vient consacrer l'entrée dans le réseau d'un public peu habitué à l'informatique. C'est le grand saut : Internet ouvert au grand public était né... La coïncidence historique fut malheureuse pour la RDC. Si, en effet, l'intervalle 1990/2003 correspond aux années d'expansion d'Internet, partout dans le monde entier, ces années sont marquées, dans le pays, par l'affaiblissement structurel et symbolique de l'autorité publique.

L'isolement diplomatique dans lequel le régime Mobutu fut plongé dès le milieu des années 1980, avec un pic de durcissement à partir de 1990, le désengagement de la coopération internationale qui s'en suivra, constituèrent des éléments explicatifs, dans la mesure où ce sont justement des institutions et mécanismes de la coopération internationale qui ont initié Internet dans plusieurs pays d'Afrique. Les luttes armées de « libération » contre le régime Mobutu

---

[4] Eddie Tambwe Kitenge, *Recherches sur l'écrit au Congo-Zaïre, Essai de Bibliologie*, Paris : L'Harmattan, 2004.

(1996-1997) orchestrées dans la quasi-totalité du territoire et, par la suite, les complexes chevauchées militaires contre l'occupation rwando-ougando-burundaise (1998-2003) ne pouvaient que repousser toute possibilité de mise en œuvre d'une stratégie globale dans le domaine. L'étude fort documentée de Raphäel Ntambwe Tshimbulu[5] fait remonter à l'année 1998 l'arrivée d'Internet dans le pays, sous l'initiative d'une compagne privée agréée par le ministère des PTT dénommée Congo Internet Management (CIM). Aujourd'hui, d'après l'Autorité de Régulation de la Poste et des Télécommunications du Congo, le nombre d'abonnés du téléphone mobile s'élève à près de 40 millions alors que celui des utilisateurs actifs d'Internet approchent les 20 millions. Ce chiffre était pourtant de 830 mille en 2011. La progression est tout simplement exponentielle ! A ce chiffre de la sociologie locale, il convient d'ajouter un autre phénomène politiquement significatif : la diaspora congolaise. Elle représente près du dixième de la population nationale. La majorité est abonnée aux réseaux sociaux.

Le CISRI est naturellement préoccupé par l'analyse et l'explication des enjeux stratégiques qui se manifestent dans notre société. Dans le droit fil de cette vocation, le CISRI consacre le présent numéro de *Dounia* à la thématique telle que précédemment suggérée. Sur le plan de la politique nationale, il conviendrait de saluer la publication par le gouvernement congolais d'un *Plan Stratégique du Numérique*,[6] en septembre 2019, censé permettre à tous les Congolais de disposer d'un texte de référence sur les enjeux d'appropriation populaire des technologies et d'économie numérique. Le document rappelle que le pari est d'inscrire le pays, d'ici 2025, « *dans le peloton des inventeurs des technologies et équipements numériques du 21eme siècle* ». Adossé à la fois sur le Document de Stratégie de Croissance et de Réduction de la Pauvreté (DSCRP) et sur le Programme National Stratégique de Développement (PNSD), élaboré en 2015, le cadre stratégique numérique de la RDC porte l'ambition de prendre en compte les enjeux posés par le tournant numérique.

[5] Raphäel Ntambwe Tshimbulu, « Surmonter les contraintes spatiales et politiques du déploiement et de l'appropriation de l'Internet en République Démocratique du Congo », In : (Sous la direction de Annie Chéneau-Loquay), *Mondialisation et Technologies de communication en Afrique*, Paris : Karthala, 2004, p. 144).

[6] Présidence de la République Démocratique du Congo, *Plan National du Numérique. Horizon 2025. La transformation numérique en marche pour une RDC connectée et performante*, Kinshasa, 2019.

La révolution numérique comme levier de croissance économique en RDC

Bob Tumba Matamba

> ***"When the stream of the New Technologies is rolling over your heads, either you're part of the streamroll, or you're part of the road"***

> *« Quand le courant des Nouvelles Technologies roule par-dessus vos têtes, ou bien il vous emporte avec lui, ou alors vous restez des spectateurs passifs au bord de la route »*

L'enjeu est simple. Il consiste à répondre à la question suivante : est-ce que la numérisation progressive de la société congolaise va déboucher un jour, *de façon quasi automatique*, sur l'émergence économique et, en définitive, sur le développement global de notre cher et beau pays ? Ma réponse est catégorique : « non ! ».

Nonobstant la digitalisation de la vie socioéconomique, la probabilité est très forte que nous restions à la traine de l'humanité, et cela malgré les scandaleuses potentialités dont la nature nous a fait cadeau sans rien nous demander en retour !

Bien sûr que la culture du numérique modifiera de fond en comble notre environnement social, en même temps qu'elle rapprochera virtuellement et uniformisera l'ensemble des pays de la planète, mais des différences notoires subsisteront entre pays développés et pays sous-développés, en fonction de l'assiette d'accueil spécifique et de l'appropriation nationale de cette nouvelle technologie au sein de chaque communauté humaine.

A ce jour, le téléphone portable est vulgarisé dans le monde entier. Est-ce que ce gadget – *pourtant numérique* – a induit pour autant le développement dans tous les pays qui l'ont adopté ? Non.

La guerre économique restera une constante des relations internationales, avec à tout moment des gagnants et des perdants. Et le développement est une simple question de posture mentale.

Bref rappel des révolutions économiques

Succédant à la cueillette, l'économie rurale et artisanale a été la première forme d'organisation de la production de richesse sur terre. Elle remonte à la nuit des temps, et la propriété foncière en était le principal facteur économique.

Les progrès scientifiques de la Renaissance européenne, à l'origine des grandes explorations maritimes, ont engendré le commerce international des matières premières et produits exotiques arrachés aux colonies lointaines.

De fait, les progrès scientifiques et technologiques ont permis une meilleure maîtrise de la mer. Les progrès en mathématiques ont fait avancer l'astrologie, en permettant notamment le calcul de la latitude de n'importe quel point de la terre ou de la mer grâce à l'invention de l'astrolabe, qui évoluera plus tard en quartant. Un précieux auxiliaire de la boussole. Au plan technique, les Portugais ont sorti de leurs chantiers navals un nouveau prototype de bateau, la caravelle, plus souple, plus rapide, et/ou les voiles ont remplacé les rameurs qui propulsaient jadis les galères. C'est le sacre de la période dite des « Grandes découvertes » de la planète terre.

Et une nouvelle pensée économique vit le jour : le mercantilisme, qui érigea le fonds de commerce en facteur économique dominant. La bourgeoisie commerçante rivalisera désormais avec la noblesse terrienne. Le capital commercial contre la propriété foncière.

La révolution industrielle de la deuxième moitié du 18e siècle met fin à la société agraire, en introduisant la mécanisation (machine à vapeur et métier à tisser). Il s'en suit une explosion de la capacité de l'offre, et l'entrée en scène des premiers capitaines privés de l'industrie, à côté de la bourgeoisie commerçante.

La deuxième révolution industrielle intervient un siècle plus tard, dans la deuxième moitié du 19e siècle. Elle est associée à deux découvertes : l'électricité et le pétrole, et aux progrès de la chimie. On notera accessoirement l'expérimentation des premières communications de longue distance.

Dans la deuxième moitié du 20e siècle, l'Internet associé aux télécommunications bouleverse l'univers industriel, privilégiant les services comme moteur par excellence de la croissance économique. C'est la révolution du numérique.

Révolution numérique et société

Le numérique révolutionnera certes notre façon de vivre, de produire et de consommer. Il aidera les entreprises à améliorer leurs processus internes jusqu' à offrir une panoplie de nouveaux produits ou services. Tel un robot, le numérique démultipliera la production, passant, à titre illustratif, de 100 unités/jour à 10.000 unités/jour, mais jamais le numérique ne va ni organiser la production à la place de l'homme ni assurer l'harmonisation de l'intégration des circuits économiques.

Le numérique est un outil limité à l'exécution formelle des tâches programmées, mais seul le cerveau humain organisera structurellement et intellectuellement le travail. Et le développement n'est pas une question liée à la hauteur du PIB, mais plutôt à l'efficience dans la construction de l'inclusion et de l'intégration économiques.

Le numérique est un catalyseur de la production, un facilitateur du développement socioéconomique conçu et organisé par l'homme. Le numérique ne sera jamais un objet développeur autonome, qui permettra à l'homme de lâcher prise pour aller se reposer sur ses deux oreilles. C'est l'homme qui est l'utilisateur du numérique, et non l'inverse. Aucun outil ne supplantera l'homme, car « ***Il n'y a de richesse que d'homme*** ».

L'histoire du numérique en RDC

Avec la compagnie TELECEL, nous avons été le berceau du numérique en Afrique, mais aujourd'hui nous voilà à la traine de la révolution du numérique.

Le Congo a été le premier pays africain à introduire massivement la téléphonie cellulaire sur le continent, dès l'année 1986, bien avant même plusieurs pays européens, y compris la France et la Belgique.

La norme GSM fut créée en Europe en 1992, alors que la téléphonie cellulaire était dans sa septième année au Congo. Nous devons notre statut de pionnier à la seule et unique raison que nous étions le seul pays où l'infrastructure des télécommunications héritée du colonisateur était réduite à néant, privant ainsi le pays du signal téléphonique domestique comme international. Et si nous étions un tant soit peu imaginatifs, nous aurions dû être l'un des premiers pays au monde à légiférer sur la matière des télécommunications.

Mais, nous avons attendu que le téléphone mobile soit adopté par toute l'humanité, que des pays suiveurs réglementent en premier lieu, puis nous avons sauté tardivement dans le train en marche, confessant, dans l'exposé des motifs de la Loi-cadre actuelle sur les télécommunications, notre intention de faire comme le reste du monde. Et nous avons sorti notre loi en 2002, cinq ans après le Sénégal, à titre d'exemple ! La caractéristique principale de cette loi rédigée dans un esprit du copier-coller, c'est qu'elle annonce dans l'exposé des motifs de très bonnes et louables intentions, lesquelles sont tout de suite contredites dans le corps de la loi, par un retour à la case départ du monopole de l'Etat sur le secteur, dans une phraséologie pleine d'incohérences et de contradictions. Les vieux démons de l'impérium de l'Etat nous ont fait passer à côté de la déréglementation qui régit le secteur universellement.

Maillot jaune de la démocratisation numérique sur le continent, nous voici aujourd'hui, trente (30) années plus tard, dernier de la classe, dans la queue leu leu !

Nous trainons avec nous des casseroles de marqueurs du sous-développement endémique, dont je ne vous livre ci-après qu'un florilège non exhaustif.

a. Classement officiel PNUD

Le système des Nations Unies, dans sa typologie de classification des pays sur base de critères économiques, distingue quatre (4) catégories de pays : *(i)* les pays les moins avancés (PMA), *(ii)* les pays en voie de développement *(iii)* les pays émergents, et *(iv)* enfin les pays avancés.

Les PMA constituent la catégorie des pays les plus pauvres de la communauté humaine. L'appellation « pays les moins avancés » est même un euphémisme pour éviter des expressions telles que « pays dont l'économie stagne » ou, plus proche de la réalité : « ***pays en voie de sous-développement*** » dans un monde qui va de l'avant. Le CPD (Comité des Politiques de Développement), organe de la Commission Economique et Sociale qui fixe la liste des pays qui doivent rentrer dans (ou sortir de) la catégorie PMA, siège tous les 3 ans pour mettre à jour ladite liste. Lors de sa dernière session intervenue en 2014, elle a dressé une liste de 47 pays au total, dont 33 pays africains (*la RDC est du nombre*), 9 Asiatiques, 4 de l'Océanie, et 1 seul pays américain, Haïti.

b. Indicateurs macro-économiques

Au sortir de la Deuxième Guerre mondiale, les pays colonisés d'Asie et d'Afrique, réunis lors de la Conférence de Bandoeng (1955), ont exigé et obtenu leurs indépendances dans la décennie 1960. A cette époque-là, la RDC avait une position économique supérieure à celle des pays asiatiques appelés aujourd'hui dragons ou tigres. Le tableau qui suit montre malheureusement une évolution divergente entre les nouveaux pays indépendants d'Asie et ceux d'Afrique, ce qui pose problème et pousse à la réflexion.

Évolution comparative Afrique/Asie

La structure du commerce extérieur (exportations brutes/raffinées)		
	1960	**2010**
Afrique	80/20	95/05
Asie	80/20	40/60
(RDC)	*80/20*	*98/02*

Dans les 98% des recettes d'exportation de la RDC en 2.010, les produits agricoles, qui faisaient part égale (50%) avec les produits miniers dans les statistiques de 1.960, ont totalement disparu. Il ne subsiste plus que les produits d'extraction : les mines et le pétrole. Au contraire, la RDC importe aujourd'hui de quoi nourrir sa population.

c. Tissu industriel

Concernant toujours notre pays, la République démocratique du Congo, la détérioration de la situation socioéconomique est corroborée par un autre tableau tout aussi explicite : la désindustrialisation de l'économie.

Effondrement du tissu industriel congolais		
Unités manufacturières recensées par l'Economie nationale & l'Industrie :		
	Unités	**Années**
	6.500	1960
	1.800	1980
	110	2010

d. Poids et intégration des secteurs économiques

Au Nord, l'économie numérique est devenue la principale production des économies développées, quoiqu'étant une production immatérielle et non stockable. Dans les pays développés les plus tertiaires, on parle d'économie post-industrielle, économie caractérisée par la domination de l'information et de la technologie. Dans ces pays-là, les services représentent entre 70 et 80% de la production nationale (PIB) et sont devenus, en dernier ressort, le principal moteur de la croissance économique.

Ainsi donc, schématiquement, l'onde de choc de la croissance économique s'amplifie avec l'éloignement : faible à l'épicentre situé dans le secteur de l'agriculture, elle grossit au niveau de la zone intermédiaire représentée par l'industrie, pour enfin atteindre son amplitude maximale dans la périphérie, siège des services. Le secteur agricole, foyer de départ et détonateur du feu d'artifice, devient minorisé dans la pyramide de l'économie nationale. Le flux des effets induit, dans la pyramide d'une économie, dessine donc une orientation centrifuge, avec comme point de départ l'agriculture et point d'aboutissement le tertiaire (le high-tech), en passant par la phase industrielle et les services classiques.

En termes de poids sectoriel, dans une projection idéale des économies développées, le secteur industriel tend vers la barre des 20%

du PIB, tandis que le secteur des services, qui constitue désormais l'essentiel de l'économie moderne numérisée, tend vers l'horizon des 80% du PIB, pendant que, paradoxalement, la courbe de l'agriculture plonge vers le plancher de 0%, mais sans jamais l'atteindre.

La hiérarchie des secteurs économiques

Etude comparative mondiale		
	Pays pauvres – **dont RDC-** (moyennes)	Pays riches (moyennes)
Agriculture	50 %	1 %
Industrie	30 %	19 %
Services	20 %	80 %
Total	**100 %**	**100 %**

e. Un cadre réglementaire figé

La règle générale veut que ***le fait précède le droit.*** Voilà pourquoi, sur le terrain des affaires, les opérateurs économiques innovent, et l'Etat réagit à temps pour accompagner, sécuriser et booster les innovations.

L'efficience d'une législation est donc fonction de la vitesse avec laquelle elle s'adapte au changement de l'environnement, dans l'accompagnent des acteurs de terrain.

Une illustration de l'inadéquation du cadre réglementaire congolais par rapport aux évolutions technologiques est fournie par la taxation des ordinateurs en douane, immuable depuis des décennies :

A. Avant l'introduction de la TVA

	Droits de douane	*ICA*	*Total*
Ordinateur complet	3 %	5 %	8 %
Ordinateur en pièces détachées	10 %	15 %	25 %

B. Avec la TVA

	Droits de douane	*ICA*	*Total*
Ordinateur complet	3 %	16 %	19 %
Ordinateur en pièces détachées	10 %	16 %	26 %

Une volonté de démocratisation du numérique plaiderait pour une suppression des droits de douane sur les ordinateurs importés en pièces détachées pour être montés au pays.

Les NTIC (Nouvelles Technologies de l'Information et de la Communication) sont, grâce à leurs effets d'entraînement sur le reste de l'économie nationale (PIB), une infrastructure au même titre que les infrastructures physiques classiques (autoroutes, ponts, rails, voies navigables, etc.). Voilà pourquoi on parle d'autoroutes de l'information. Avec cet atout exceptionnel que ces autoroutes des NTIC sont entièrement financées par des capitaux privés plutôt que par le Trésor public. L'Etat aurait dû s'en frotter les mains et, en conséquence, encourager à la fois leur déploiement ainsi qu'un large accès du plus grand public à leurs produits. Le gain pour l'Etat sera indirect, mais substantiel. Mais, il est triste de constater que, pour l'Etat congolais, les investissements dans les NTIC sont des vaches à lait fiscales au même titre que n'importe quel autre investissement privé, sans distinction. Or, brider en amont un catalyseur socioéconomique de cet acabit, revient à juguler en aval tous les circuits de croissance du PIB ainsi que les véhicules du bien-être social.

Conclusion : vive l'école !

Avant la venue du numérique, il y avait des pays hyperdéveloppés (qui sont même à la base de la création de la révolution numérique) à côté d'autres, sous-développés. Sous le règne généralisé du numérique, la physionomie économique du monde ne va pas changer : il y aura toujours le clivage entre pays riches d'un côté et pays pauvres de l'autre côté.

Il faut investir certes dans le numérique. Il faut investir dans les infrastructures, dans l'agriculture, etc. Mais, il faut investir surtout et avant tout dans l'homme, car il est le facteur premier, la pierre angulaire du développement. *D'où l'importance et l'incontournabilité de l'Education nationale.*

Dans le faisceau des causes multiples à la base du retard économique de la République démocratique du Congo, certaines sont historiques. Nous allons en épingler une, pour les besoins de la pédagogie, sans toutefois vouloir verser dans des polémiques stériles.

Le péché capital de la colonisation belge était la limitation de l'enseignement colonial au cycle primaire, à côté des écoles des métiers pour les besoins économiques et des séminaires pour la propagation de la religion du nouveau maître. Une option pragmatique dictée par une maxime contextuelle restée célèbre : « pas d'élite, pas de problème ». Mais, le problème n'a été que différé : il resurgit aujourd'hui et se manifeste dans la différence d'évolution entre les anciennes colonies belges comparées aux anciennes colonies françaises et plus particulièrement britanniques. Il est vrai que la Grande-Bretagne et la France étaient des vieilles puissances coloniales rodées en la matière et dotées d'une expertise séculaire, alors que la Belgique a eu la main forcée pour accepter de coloniser le Congo d'abord, et ensuite le Rwanda et le Burundi.

La similitude est d'ailleurs frappante entre le Rwanda et le Congo : dans ces deux pays, faute d'une élite appropriée, le pouvoir à l'indépendance est tombé entre les mains d'anciens séminaristes (Grégoire Kayibanda et Joseph Kasavubu) pour finir dans celles de caporaux (Juvénal

Habyarimana et Joseph-Désiré Mobutu).

Des voix autorisées s'étaient même élevées en Belgique, à l'approche de la date de l'indépendance, pour demander un moratoire de 30 ans afin de pallier les insuffisances criantes et préparer une relève sérieuse pour la gouvernance du pays, de peur de courir tout droit vers une catastrophe annoncée. En effet, le Plan Van Bilsen pour le rattrapage colonial est publié en décembre 1955, dans sa version flamande, avant d'être traduit en français en janvier 1956. Mais, trop tard : la roue de l'Histoire avait déjà tourné !

Aujourd'hui, nous sommes en plein dans le bourbier de la catastrophe. Et le numérique n'y changera rien, comme le confirme la persistance des marqueurs du sous-développement que nous venons de passer en revue plus haut.

Nous nous empressons toutefois de dire que non seulement l'espoir n'est pas perdu, mais, surtout, que la bonne excuse tirée de l'histoire coloniale perd de sa pertinence au fur et à mesure que le temps avance et que les élites universitaires congolaises, toutes disciplines confondues, formées au pays ou à l'extérieur, deviennent légion. S'il est vrai qu'il est difficile de se relever d'un mauvais départ, nous ne devons pas pour autant continuer à cacher notre propre incompétence derrière un argumentaire vieilli et suranné. Il n'en reste pas moins vrai que toutes les analyses sociopolitiques révèlent que le mal congolais est enraciné dans une culture de la médiocrité qui tire le pays vers le bas, et fait passer ses habitants pour des zombies.

Stratégie de long terme

Le seul processus sociologique à même de créer un nouvel homme congolais, passe par la réhabilitation de l'enseignement national. Processus, certes, long, mais incontournable, si l'on veut corriger la déviance morale de la société.

Politiques de court et moyen termes

Une économie sous-développée est une économie avant tout désarticulée dans ses fondations. Le fait que les secteurs de l'économie ne s'emboîtent pas l'un dans l'autre, le système perd l'automatisme des effets d'entraînement qui crée la plus-value et emballe le moteur de la croissance. A ce défaut structurel vient s'ajouter une tare administrative : l'inorganisation de l'activité économique. La débauche d'énergies apparentes se solde par un piètre résultat global. Faute de planification.

Deux mesures à court et moyen termes s'imposent pour faire décoller une économie sous-développée : (i) la moralisation de la vie publique, et (ii) la bonne gouvernance pour corriger l'extraversion économique suicidaire. Car en attendant l'homme prométhéen qui sortira du système éducatif en cours de réhabilitation, il faut bien mettre le pays au travail dans l'immédiat.

La moralisation de la vie publique repose sur deux suppôts : la sanction et l'exemplarité.

Quant au décollage économique, autrement dit l'effort nécessaire pour sortir le pays du bourbier du sous-développement et assurer son envol économique, il passe obligatoirement par une planification stratégique formalisée. Le PSD (Plan Stratégique de Développement) est le seul indicateur de la volonté politique du développement. A ce stade, en effet, la gestion de la chose publique se doit d'être rigoureusement scientifique (*knowledge-based management*).

Une fois que l'économie aura atteint sa vitesse de croisière, le PSD pourra être remplacé valablement par une simple surveillance des indicateurs de navigation économique, dont les plus importants sont (i) le taux de croissance annuel (ii) le taux de chômage, et (ii) le taux d'inflation qui impacte le pouvoir d'achat des masses. Ce n'est donc qu'une fois ces préalables (de long, moyen et court termes) réunis, qu'enfin la révolution numérique pourra jouer pleinement son rôle de levier de la croissance économique et du développement global de la société. Seulement, et seulement si !

RD Congo : un seul Internet, des usages multiples, mais convergents chez les plus jeunes

Arthur Yenga Maombe Neko

En 1978, Simon Nora et Alain Minc annonçaient dans un rapport célèbre, l'avènement de la Société de l'information, fruit du mariage des télécommunications et de l'informatique qu'ils appelaient la « télématique »[1]. Quarante-trois ans nous séparent de cette vision exprimée dans le rapport Nora-Minc. La promesse est devenue réalité grâce au développement et à la convergence des technologies (télécommunications, informatique et électronique), au déploiement de l'Internet haut débit et à la généralisation des services numériques.

Didier Lombard nous donne un aperçu de cette révolution et de l'accélération des progrès réalisés dans l'informatique, les réseaux et les équipements :

« • La puissance des calculateurs a continué de croître et a touché tous les équipements, collectifs et individuels. Ainsi, le smartphone atteint maintenant une puissance équivalente à celle des ordinateurs portables. (…) Les mêmes progrès de miniaturisation feront que, dans quelques années, 50 milliards d'objets munis d'une identité et d'une personnalité virtuelle seront connectés à Internet.

• L'intelligence apportée par le logiciel s'est immiscée dans tous les domaines pour aider à dégager la

1 Nora S., Minc A., *L'informatisation de la société*. Paris, La Documentation française, 1978.

signification de la masse des données accumulées ou pour simuler ce qui pourrait être une réalité future afin de prendre de meilleures décisions. Par exemple, le projet « Terra Numerica » a pour ambition de construire une représentation numérique en trois dimensions de nos villes. Il est alors possible de visualiser, avant réalisation, les projets d'urbanisme tels que la construction de bâtiments et d'ouvrages d'arts, les aménagements de la circulation et même d'évaluer les risques environnementaux de toute nature.

• Une nouvelle révolution est en marche avec l'informatique dans les nuages (cloud computing) qui met la puissance de l'informatique à la portée de tous. Comme c'est le cas depuis le siècle dernier, avec la « fée » électricité disponible partout où il y a une prise de courant, nous allons pouvoir accéder, en tout lieu et en tout temps, via les réseaux, à nos données et à nos applications pourvu que nous disposions d'un terminal mobile ».[2]

Céline Marangé et Maud Quessard retracent cette révolution numérique du point de vue historique en indiquant que l'ère de l'information – une expression associée aux années 1980 – s'est caractérisée par l'avènement de nouvelles technologies de communication, telles que le câble et le satellite, qui permettaient une large circulation des images et qui favorisaient déjà des phénomènes de contagion médiatique. Les années 1990 ont marqué le passage à l'ère numérique avec la création de l'Internet commerciale en 1996 et la généralisation des ordinateurs personnels.

Mais, la véritable mutation, soulignent-ils, est intervenue dans les années 2000, quand sont apparus des machines connectées et des logiciels participatifs. Des plateformes comme Facebook en 2004 et Twitter en 2006 ont entraîné le basculement de l'Internet 1.0 vers l'Internet 2.0 qui repose sur la mise en relation des utilisateurs.

Depuis l'émergence des réseaux sociaux, des médias numériques et des messageries instantanées, non seulement l'information est globale et immédiate, mais les barrières entre les producteurs et les consommateurs d'information tendent à s'estomper. Le statut même de l'utilisateur a changé : de simple récepteur, il est devenu acteur puisqu'il dispose, désormais, des moyens de choisir ses sources et, surtout, de produire et de partager de nouveaux contenus.

Ainsi, selon ces deux auteurs, en transformant et en décuplant les capacités de communication, la révolution numérique bouleverse les rapports que les Etats entretiennent à la fois avec leur société et entre eux et provoque une rupture semblable à celle de l'invention de l'imprimerie par Gutenberg.[3]

2 Lombard D., *L'irrésistible ascension du numérique. Quand l'Europe s'éveillera.* Paris. Éd. Odile Jacob, 2011, pp. 15 -16

3 Marange C. et Quessard M. (sous la direction de), *Les guerres de l'information à*

On peut aisément observer qu'avec le numérique, tous les secteurs se sont vus obligés de réviser leurs manières de concevoir, produire et délivrer leurs services. De ce fait, de nombreux changements se sont opérés dans divers domaines tels que le commerce, la finance, l'éducation, la santé, le service aux entreprises, l'audiovisuel...

Du côté des usages, relève Didier Lombard, les bouleversements les plus significatifs associés au numérique touchent en premier lieu la communication interpersonnelle, marquée notamment par l'explosion des échanges : appels mobiles, messagerie instantanée, SMS, mails, interactions à travers les réseaux sociaux. Dans ce domaine, c'est aussi un changement de nature des usages qui est en train de se jouer, avec le passage d'une logique de relation duale (entre deux interlocuteurs) à une logique de relation maillée. (...) La nouvelle communication numérique ne se traduit pas seulement par une multiplication des communications de personne à personne, mais plutôt par un maillage complet des relations interpersonnelles tel qu'il se développe au travers des réseaux sociaux.

Les mutations en cours, enchaîne-t-il, intéressent en second lieu ce qu'il convient d'appeler le secteur des contenus et du divertissement : musique, télévision, cinéma, presse ... avec la numérisation généralisée de la production, du stockage et de la distribution. Le troisième et dernier changement porté par le numérique est celui des services appelés « transactionnels ». Il s'agit des services de la vie quotidienne (commerce, santé, habitat, enseignement...) et de ceux destinés aux entreprises.

La communication sur les réseaux à haut débit tend à offrir la même richesse que celle vécue dans les relations en mode physique, lorsque les interlocuteurs sont présents dans la même pièce : sentiment de présence, possibilité de partager des documents, possibilité d'identifier tous les participants aux échanges.

Les services de « téléprésence » et le télétravail sont un bon exemple de ces avancées. La taille et la haute définition des écrans utilisés pour ce service donnent le sentiment à l'utilisateur d'être assis à la même table que ses interlocuteurs pourtant situés à l'autre bout du monde. Ils apparaissent en nature, la qualité du son et de l'image permet de ne rien perdre des intonations ou des expressions du visage. C'est comme si plusieurs salles de réunion étaient fusionnées en une seule.[4]

Toutefois, malgré ces prouesses technologiques, des disparités existent entre les continents, entre les pays d'un même continent et, parfois, à l'intérieur d'un même pays par rapport à la connectivité sur l'Internet. Dans le secteur industriel des TIC, note Lombard, les disparités

l'ère numérique, Paris, PUF, 2021, pp. 11-12

4 Lombard D. *op cit*, pp 67-70

géographiques sont importantes. Il signale, notamment, le fait que l'industrie notamment, celle des équipements des réseaux et de l'informatique constitue le socle sur lequel repose la croissance des services : développement des infrastructures, progrès technique qui accroît la performance des équipements tout en abaissant le prix (loi Moore).

La croissance de la production des équipements profite clairement de plus en plus à l'Asie, loin devant les États-Unis et les pays européens. Il en va de même pour le marché des services, notamment des télécommunications, même s'il faut noter que, dans ce cas, la Zone Asie – Pacifique, avec une croissance annuelle moyenne de 3 %, au cours des 15 dernières années, est devancée par l'Afrique du Nord et le Moyen-Orient dont le marché des services de télécommunications a progressé de 8 % par an en moyenne sur la même période.

Et de conclure : « les réseaux collent à la géographie et les marchés des services de télécommunications sont par conséquent locaux ; ce qui explique que les opérateurs restent surtout des acteurs nationaux ».[5]

Notre propos vise ainsi à poser la question de savoir comment le continent africain, plus spécifiquement, comment un pays comme la RD-Congo, pourra rattraper le retard pris dans le décollage du numérique qui a pris un si grand élan ? Comment réduire le fossé ou la fracture numérique entre l'Afrique et les autres continents ?

En guise de réponse à cette question, nous posons que l'analogique est inné tandis que le numérique relève de l'éducation des plus jeunes. Notre handicap est peut-être moins de nature technologique, économique que d'ordre politique et culturel.

Pour étayer cette assertion, nous allons sur base de l'observation et de l'analyse documentaire, aborder trois points, à savoir les principaux secteurs touchés par l'explosion numérique en RD-Congo, les facilités qu'éprouvent les jeunes dans l'usage du numérique et enfin le rôle de l'éducation comme socle de développement des compétences requises pour une intégration harmonieuse dans la société de l'information numérisée.

Panorama sur le boom du numérique et les principaux secteurs touchés en RD-Congo

Le passé a déjà offert maints exemples de rupture technologique qui ont bouleversé l'histoire du monde : invention de la machine à vapeur, découverte de l'électricité, avènement du chemin de fer, de l'automobile, etc. Cependant, avec le numérique, l'humanité subit une mutation plus brutale et plus accélérée que les précédentes. Les changements induits par le numérique se

---

5 Lombard D. *op cit*, pp. 126 - 127

produisent au même moment et en un temps très court.

Au Congo, au-delà de l'offre technologique et des bouleversements opérés par les TIC, au niveau des usages et de l'appropriation par les publics, ce sont principalement trois secteurs qui sont impactés par le numérique : la télévision numérique, la téléphonie mobile (smartphone), y compris le m-paiement et les réseaux sociaux.

La télévision numérique

Au début des années 2000, la télévision analogique a été relayée par l'équipement progressif des foyers en écrans plats. À partir de 2010, les téléviseurs LED et en relief ou « 3 D » ont fait leur entrée dans les familles aisées ou de classe moyenne. Ces téléviseurs offrent une meilleure qualité de l'image et du son de format home cinéma.

La transition des médias audiovisuels analogiques vers le numérique s'effectue graduellement. Dans la Ville de Kinshasa, les stations émettant sur les bandes VHF et UHF (analogiques) ont pris deux ans, d'avril 2018 à juillet 2020, pour réaliser la migration vers le numérique. Pendant ce temps, de nombreux foyers pouvaient accéder à la télévision payante via le bouquet satellitaire offert principalement par Canal + et Startimes.

Ces deux groupes diffusent une grande variété de contenus produits par des chaînes nationales et étrangères. Startimes, propriété d'un groupe chinois a d'abord consolidé son ancrage dans les pays anglophones. Son abonnement est moins cher que la concurrence et son offre déroule une grille de programme diversifiée. Canal + profite de sa proximité linguistique francophone et son offre bénéficiant d'une grille très fournie est renforcée par l'apport de nombreuses productions impliquant des acteurs ivoiriens (pour la musique) et surtout des comédiens (pour des séries télévisées/feuilletons), très appréciés des téléspectateurs congolais. La remédiation est une caractéristique déterminante de nouveaux médias numériques. Elle contient l'idée d'amélioration d'un média par un autre. En effet, le passage du codage du signal analogique au numérique a deux avantages : d'une part, il permet de diffuser cinq fois plus de chaînes par le même canal et, d'autre part, il donne accès à une image de bien meilleure qualité.[6]

Par ailleurs, le lancement de nouveaux médias a donné une impulsion au modèle de flot du point de vue de l'économie numérique. Dans le cadre du modèle de flot, les contenus sont diffusés en continu, selon une grille de programmation ne pouvant donner lieu qu'à un simple visionnage (ou écoute), sans que le consommateur ne puisse logiquement, ni en

---

[6] Jost F., (sous la direction de Raphaël Baroni et Claus Gunti), « Télévision », in *Introduction à l'étude des cultures numériques. La transition numérique des médias*. Paris, Armand Colin, 2020, p. 133

conserver une copie, ni déterminer le moment où il choisira d'en profiter. Dans ce cas, le financement est collectivement et indirectement assuré en amont par un tiers, le plus souvent des annonceurs publicitaires.[7]

En même temps, comme le fait remarquer François Jost, les effets de la convergence se font sentir : les smartphones reçoivent la télévision, les téléviseurs sont connectés à Internet et les ordinateurs cumulent tous les modes de communication, si bien qu'il devient de plus en plus difficile de tracer les limites entre ces trois écrans. Les fonctions se redéfinissent à tel point que ce qui fut naguère considéré comme un téléphone portable ou cellulaire a presque perdu cet usage pour les plus jeunes et même pour les adultes qui s'en servent avant tout pour naviguer sur Internet ou regarder des vidéos.

Autre effet de la convergence, renchérit-il, « le téléviseur connecté opère une sorte de révolution copernicienne, puisqu'au lieu de ne faire circuler les messages que dans le sens chaîne – spectateur, il permet aussi l'inverse : la demande peut se substituer à l'offre grâce à l'accès à des programmes en replay. En outre, la réception d'une émission par un box renforce l'autonomie du téléspectateur, puisqu'il a la possibilité d'arrêter son flux pour le reprendre un peu plus tard ou, même, de revenir en arrière ».[8]

« Plus encore, la convergence des médias a entraîné un double mouvement : de la télévision vers les réseaux sociaux et des réseaux sociaux vers la télévision. À l'heure de la multiplication des écrans, les chaînes composent avec la pratique du « second écran » (double screen), qui consiste à utiliser un terminal numérique (ordinateur, tablette ou smartphone) en même temps que nous regardons la télévision.

Cette pratique est désormais dans le cahier de charges de certains programmes. Notamment, les programmes de flux – divertissements ou sports – sont pensés pour les réseaux sociaux et soumis par la chaîne à un véritable séquençage : ils ont leur page Facebook qui permet d'interagir avec l'internaute et des hashtags pour parler avec eux sur Twitter. Les émissions y sont annoncées, promues, commentées en direct, mais aussi prolongées après coup par des débats, entre autres. Tout cela aboutit à une « télévision en expansion ».[9]

Le smartphone

En Afrique, c'est essentiellement la propagation des mobiles qui représente un phénomène sans précédent

[7] Perticoz Lucien, « Les industries culturelles en mutation : des modèles en question », in *https://doi.org/10.4000/rfsic.112*, consulté le 14 janvier 2021 à 17 h.

[8] Joris F. (sous la direction de Raphaël Baroni et Claus Gunti), *op cit*, p. 134

[9] Joris F. (sous la direction de Raphaël Baroni et Claus Gunti), *op cit*, p. 142

lié aux innovations de services dans la communication. Le smartphone est véritablement la source de l'explosion du numérique. Ce succès des mobiles qui doit être mis au crédit des utilisateurs, contredit les modèles hiérarchiques de diffusion selon lesquels l'innovation se propagerait des villes vers les campagnes, de riches vers les moins favorisés, des entreprises vers les particuliers.[10]

Didier Lombard donne une bonne synthèse et un bon éclairage sur la manière dont le smartphone est le principal vecteur de l'accès à Internet en Afrique. Moins cher à l'achat qu'un PC, le mobile devient même « l'ordinateur » du plus grand nombre. Il contribue notamment :

« • Au désenclavement des territoires avec sa couverture des zones éloignées à l'intérieur du pays ;

• à l'essor des échanges commerciaux : le m-banking (Illico cash) et le m-paiement mobile (M-pesa, Orange money, Airtel money) pallient le faible niveau de bancarisation des populations ;

• à l'efficacité des marchés locaux : les agriculteurs et les commerçants accèdent aux informations permettant d'ajuster les différentes variables : taux de change en devises, volume des récoltes, demande, prix de gros et de détail ;

• à l'intégration économique des populations les moins favorisées : microfinance pour les exclus du système bancaire traditionnel ;

• à l'amélioration et à l'extension des services de santé : suivi des malades à distance, combat de la contrefaçon des médicaments ».[11]

Selon une étude du cabinet Deloitte, l'Afrique a compté 660 millions d'habitants en 2020 équipés d'un « téléphone intelligent ». Ce rapport mentionne aussi que si l'Afrique est toujours globalement à la traine en matière de technologies, médias et télécommunications, elle commence à voler de ses propres ailes, notamment dans le domaine de la musique. Des start-up africaines dans le streaming musical tel que Baziks Pulse en RD-Congo se lancent dans la production musicale locale et se frotte aux géants du secteur comme Spotify, Deezer ou Appel Music.

Le même constat est fait par l'étude du cabinet Deloitte qui établit que l'Afrique sert de modèle dans le secteur des transactions financières numériques. Orange a ouvert en France une première banque mobile en 2017. Pour une fois, l'Afrique a été source d'inspiration, car à travers le continent, le m-paiement (M-pesa) existait déjà depuis au moins dix ans (création au Kenya en 2007).[12]

---

10 Lombard D, *op cit*, pp. 17 -18

11 Idem, pp. 50 - 51

12 Le Monde avec AFP, « Le nombre de smartphones explose en Afrique », in *https://www.lemonde.fr/afrique/article/2018/04/27/le-nombre-de-smartphones-explose-en-afrique_5291411_3212.html*, publié le

Les réseaux sociaux

Les réseaux sociaux connaissent une croissance formidable en Afrique en dépit de la fracture numérique attestée entre les différents Etats. Selon les experts, plusieurs paramètres permettent d'expliquer cet impact de plus en plus important des réseaux sociaux en Afrique. D'abord, il y a la forte pénétration du mobile, comme souligné plus haut. Selon le rapport « Digital 2020 », réalisé par We are Social et Hootsuite en Afrique, 1,08 milliard de personnes y possèdent un téléphone portable, voire deux à trois.

Ainsi, de toute évidence, les Africains associent à leur massive utilisation des téléphones portables une passion pour les médias sociaux en ligne pour lancer une nouvelle tendance : le passage à l'Internet mobile, dont les médias sociaux sont les principaux vecteurs. Des études indiquent que lorsque les Africains se connectent sur Internet (principalement avec leurs téléphones mobiles), ils vont souvent sur les réseaux sociaux (Facebook, Twitter, Instagram, YouTube…).[13]

D'après le GSM Association (GSMA), près de 477 millions d'Africains subsahariens, soit 45 % de la population de la région étaient abonnés aux services de téléphonie mobile fin 2019, alors que six ans plus tôt, ce chiffre ne dépassait pas 253 millions. D'ici fin 2021, on devrait atteindre les 500 millions, puis 614 millions d'abonnés uniques en 2025, soit un taux de pénétration de 50 %. Ainsi, de plus en plus, les Africains se connectent à Internet et cela se traduit par une hausse des utilisateurs des réseaux sociaux sur le continent.[14]

Dans des zones rurales où la télévision semble être un luxe, les réseaux sociaux comme Facebook ou WhatsApp ont de plus en plus des facilités à s'installer au point de devenir l'une des sources d'information les plus fréquemment utilisées. Ils ont supplanté les médias traditionnels obligeant ces derniers à démentir ou à corriger les fausses nouvelles. Ces réseaux sociaux sont même devenus une alternative aux médias traditionnels, car, plus faciles d'accès que la presse écrite et de nombreuses chaînes de télévision et de radio.

L'une des plus récentes manifestations de cette situation concerne la

---

27 avril 2018, consulté le 15 janvier 2021

13 Essoungou André-Michel Afrique Renouveau: La fièvre des médias sociaux gagne l'Afrique, https://www.un.org/africarenewal/fr/magazine/december-2010/la-fi%C3%A8vre-des-m%C3%A9dias-sociaux-gagne-l%E2%80%99afrique, décembre 2010

14 **Moutiou Adjibi Nourou, Comm, Agence Ecofin,** « Les réseaux sociaux, la nouvelle arme de la jeunesse africaine (première partie) », in https://www.agenceecofin.com/reseaux-sociaux/0611-82170-les-reseaux-sociaux-la-nouvelle-arme-de-la-jeunesse-africaine-premiere-partie, publié le 06 novembre 2020

réaction des Africains à la pandémie du coronavirus qui a atteint le continent au mois de mars 2020. En effet, des études ont montré que, sur le continent, de nombreuses personnes préfèrent s'informer sur la pandémie via les réseaux sociaux. Selon un sondage GeoPoll effectué en main 2020, sur 4.788 personnes âgées de plus de 16 ans dans 12 pays africains, 40 % s'informent sur le coronavirus grâce aux réseaux sociaux. Ainsi, bouleversent-ils le fonctionnement de tous les milieux et secteurs, qu'il s'agisse de la politique, de la communication, de la vie sociale, de l'économie et même du développement.[15]

Au plan politique, les réseaux sociaux provoquent des attitudes paradoxales chez certains hommes politiques, voire des responsables militaires qui en ont une peur bleue. Les politiques n'hésitent pas à les utiliser lors des campagnes électorales, mais ils s'empressent de les couper le jour de l'élection en attendant la proclamation des résultats.

En fin de compte, il sied de retenir que le terme média social se fonde sur l'idéologie et la technologie du web 2.0 : création et échange de contenus générés par les utilisateurs. Il désigne un éventail de services web et mobiles qui permettent aux utilisateurs de participer à des échanges en ligne, de diffuser du contenu qu'ils ont eux-mêmes créé ou non et de se joindre à des communautés.

Dans le cadre d'une communication traditionnelle, les conditions sont connues : le moment de la communication, le flux du message, les destinateurs… Avec les médias sociaux, il en va autrement : ils sont plus ouverts et les règles sont définies par la plateforme concernée. À partir de la publication d'un message, la maîtrise de l'information est quasi inexistante et le flux des messages est rapide.

Les médias sociaux sont aussi moins formels. Le style est plus léger, plus décontracté, moins respectueux des normes grammaticales et des hiérarchies. Il arrive régulièrement que des publications officielles ne passent pas d'abord par les autorités établies, par des éditeurs, ni par des médias traditionnels, mais par les différentes plateformes numériques. D'où le foisonnement des blogueurs et YouTubers. D'où comme seule parade pour contrer les Fake news (fausses nouvelles), exigence d'une référence constante aux sites comme Fakespot ou Reviewmeta, spécialiser dans l'analyse computationnelle de l'authenticité des commentaires en ligne.

Les plus jeunes seraient-ils plus aptes pour la transition vers le numérique ?

De l'observation de tous ces phénomènes et bouleversements apportés par la révolution numérique, il apparaît nettement que des mutations profondes s'opèrent dans la société :

15 Moutiou Adjibi Nourou, *op. cit*

il ne s'agit, ni plus ni moins, d'un changement d'ère. Le changement numérique n'offre pas seulement des nouveaux produits et services, mais il entraîne aussi une rupture avec les logiques traditionnelles de raisonnement. Ces mutations concernent en premier les plus jeunes car, on peut observer que ce sont eux qui montrent la plus forte capacité d'adaptabilité à la nouvelle société numérique.

Une comparaison avec les mécanismes d'apprentissage de l'écriture à l'école sous la colonisation en Afrique permet d'éclairer notre propos. L'école coloniale africaine a, en effet, produit progressivement de jeunes alphabétisés, des lettrés devenus par la suite des intellectuels. Entre les jeunes scolarisés et les vieux se sont développés des liens intergénérationnels par lesquels les anciens, les grands-parents recouraient aux petits-enfants pour le service du courrier à lire ou à écrire.

Ce phénomène est remarquable encore de nos jours. Dans beaucoup de familles, les enfants sont les plus à l'aise pour installer les nouveaux objets et artefacts numériques dans les familles. En cas de difficulté rencontrée pour une application, il est courant de recourir à l'assistance d'un jeune. Le recours à ce dernier a tendance à s'imposer d'autant plus que la plupart des nouveaux objets ne sont pas forcément accompagnés des manuels d'utilisation, de modes d'emploi. Souvent et, même de plus en plus, le fabricant se limite à mentionner un lien Internet sur lequel l'utilisateur est invité à cliquer pour suivre la procédure d'exécution.

Nous pensons que ce saut qualitatif et ce changement de paradigme opérés par la nouvelle ère numérique sont plus facilement assimilables par les enfants, quels que soient le pays ou le continent, ou encore le milieu de vie (ville ou campagne) et même le niveau de vie (familles riches ou familles pauvres).

Comme nous sommes confrontés à un changement de code, l'apprentissage de nouveaux codes s'opère plus facilement chez les enfants plutôt que chez les adultes. L'enfant a des aptitudes pour s'approprier les nouveaux apprentissages par l'expérience et les sensations qui comptent pour lui qui va lui permettre de faire les choses au mieux.

Nous appuyant sur Lombard Didier, nous avons affirmé en liminaire que l'analogique est inné tandis que le numérique relève de l'éducation. Ainsi, l'enfant apprend à parler par mimétisme car, son oreille s'est formée aux sons dans le ventre de sa mère. Il en va autrement de l'écriture, de la lecture et de l'arithmétique.

Notre appréhension du monde est analogique. Il en est ainsi de la parole qui est une modulation continue du son. De même les couleurs de l'arc-en-ciel sont infinies et l'on passe continuellement du violet au rouge. Le numérique vient avec notre besoin de représenter le monde réel en le modélisant. Sa première manifestation a été l'écriture : afin de garder une trace d'un discours, il a fallu identifier les phonèmes constituant la parole. C'est un « échantillonnage » de la parole et une forme de « quantification » dans la mesure où les phonèmes retenus sont en nombre limité, avant qu'ils puissent être codés sous forme d'une suite de lettres.

L'écriture date de quatre millénaires avant notre ère. Si la notion d'analphabétisme et d'illettrisme est ancienne, ne serait-ce pas le cas aujourd'hui avec l'avènement du numérique et de la fracture associée ? Ne peut-on pas considérer les personnes déconnectées du numérique comme des « nouveaux » analphabètes ? Car, pourquoi parlons-nous de société numérique ? En réponse à cette question, nous reprenons les arguments développés dans l'ouvrage de Didier Lombard préalablement cité[16]. En fait, écrit-il, il y a eu une accélération extraordinaire : nous sommes capables aujourd'hui de donner une représentation numérique de la presque totalité de notre monde naturel. Et, qui plus est, nous pouvons faire des opérations sur cette représentation numérique avec les calculateurs de la même façon que notre cerveau imagine et réfléchit à partir du savoir accumuler depuis six mille ans.

Cette révolution vient de l'invention du transistor en 1948, qui permet de mémoriser la plus grande quantité d'informations appelées « bit » (pour binary digit, soit en français élément binaire), c'est-à-dire, un état qui peut être « oui » ou « non », « 0 » ou « 1 ». Avec l'intégration des transistors sur un support de silicium, il est possible de mémoriser des quantités quasi infinies d'informations.

Enfin, les mêmes composants permettent de construire des ordinateurs capables de traiter de façon intelligente cette information et d'y donner accès grâce aux moteurs de recherche du réseau Internet. Fort de ces technologies, il est alors possible de numériser l'ensemble d'objets qui nous entourent. C'est d'abord la représentation binaire des nombres (numérotation binaire) et des lettres (code ASCII) qui permet d'effectuer des calculs scientifiques et de stocker puis d'organiser l'information.

C'est ensuite la numérisation de tous les phénomènes analogiques. La première numérisation a été celle de la parole. Elle consiste à échantillonner le signal analogique qui la représente, c'est-à-dire à prélever l'amplitude du signal à intervalles réguliers, puis à quantifier cette amplitude et, enfin à coder la mesure obtenue sous la forme d'un nombre binaire. Il en est de même d'une image, d'un texte ou d'un objet à trois dimensions.

Tout objet est donc réductible à un codage sous forme d'une suite d'éléments binaires qui peuvent être mémorisés, transportés sur un réseau numérique, c'est-à-dire aptes à transmettre des éléments binaires ; ce qui est évidemment le cas du réseau Internet. Au cours des trente dernières années, tous les réseaux de télécommunications ont été numérisés et, donc, adaptés à la transmission d'objets numériques et à la

[16] Lombard D. *op cit*, pp. 35 - 38

communication entre ordinateurs capables de stocker et de traiter ces objets. Cela permet de les dupliquer, à l'infini, sans erreur, et de les distribuer en tous points desservis par le réseau.

Notre argumentation consiste jusqu'à présent à soutenir que le changement numérique provoque une rupture avec les logiques traditionnelles sur les manières de concevoir, de produire et de délivrer des services. Ces mutations qui appellent une transition vers le numérique sont facilement assimilables par les enfants et les plus jeunes dans la société.

Tout bien considéré, une question subsiste : si les enfants africains avaient acquis les compétences éducatives et culturelles pour s'adapter au numérique, le handicap pour une intégration totale et harmonieuse dans la société de l'information serait-il résorbé pour autant ?

Pari sur l'enjeu culturel plutôt que sur les enjeux économiques ou technologiques

À l'instar de la mondialisation, le numérique est un facteur décisif qui affecte toutes les sphères (économique, culturelle et sociétale) de la vie moderne et façonne notre quotidien. Pour échapper à l'écueil de blocage, de retard et de fracture numérique, au moins deux défis doivent être relevés : celui de l'innovation, d'une part et celui de l'investissement en infrastructures, d'autre part.

Comme on le sait, la formation (éducation), le développement des compétences et d'autres incitations à la créativité sont des facteurs clés pour favoriser l'innovation. S'agissant de la formation au numérique, nous pensons qu'il faut donner, par la formation, un socle de compétences à la génération « digital natives », dont l'aptitude à l'utilisation intuitive des technologies numériques est nettement supérieure à celle des générations précédentes.

Si nous tenons compte du rapport des forces géographiques et de la montée en puissance des pays de l'Asie dans les technologies de l'information et de la communication, il s'ensuit que les principales puissances mondiales ne sont donc plus seulement engagées dans une course aux armements, mais aussi dans une course aux technologies de l'information, alors que l'apparition de nouveaux acteurs remet en cause la suprématie technologique occidentale.

La rupture stratégique induite par la révolution numérique tient surtout à l'ascension de la Chine et d'autres acteurs asiatiques dans le domaine des hautes technologies et des sciences de l'information. En s'affirmant comme une puissance de premier plan, la Chine entame le monopole que les compagnies occidentales, en particulier américaines, ont exercé depuis les années 1990 dans le domaine de l'innovation et des hautes technologies. La vallée de Shenzhen constitue désormais un pôle d'attractivité au même titre que la Silicon Valley. Alors que les compagnies européennes comme

Ericsson et Nokia étaient à l'origine des standards de quatrième génération (4G) pour les téléphones mobiles, c'est Huawei, une compagnie chinoise, qui a mis au point « la brique technologique » de la 5G permettant l'échange de très gros volumes de données numériques en un temps réduit[17].

Dans cette compétition internationale, certains pays africains, dont la RD-Congo, se trouvent au cœur des luttes d'influence pour le contrôle des minerais stratégiques par médias interposés. Dès lors, au lieu de nous cantonner dans une posture d'observateur passif, nous devons agir. En nous servant des recommandations du livre blanc sur le numérique de Grenelle en France, nous sommes convaincus qu'une refonte de l'éducation en matière du numérique est impérative. La RD-Congo doit promouvoir l'apprentissage de la programmation informatique dans les écoles pour donner une chance aux futures générations qui vont arriver sur le marché du travail mondialisé.[18]

Une orientation de l'enseignement du numérique est donc nécessaire, d'autant plus que l'Inde, la Chine, le Japon et la Corée du Sud ont rendu depuis longtemps obligatoire l'enseignement de l'informatique depuis le milieu de l'école primaire jusqu'à l'équivalent des humanités. Outre l'enseignement, la formation qualifiante doit permettre de renforcer diverses compétences des apprenants par la généralisation de la formation en continu dans des centres spécialisés qu'on pourrait appeler « digithèques », des maisons de culture pour l'apprentissage du numérique qui ressembleraient à des médiathèques dédiées aux objets et aux contenus numériques. Le sommet de cette architecture devra reposer par l'érection dans le pays d'un pool d'intelligence numérique comme foyer incubateur du développement numérique et de sa dissémination en vue de l'émergence de la RD-Congo dans la société de l'information.

Pour y arriver, l'investissement dans les infrastructures représente également un facteur important pour la transition efficace vers le numérique. Il est clair que l'un des principaux obstacles au déploiement des TIC en Afrique est le déficit en infrastructures en fibre optique donnant accès au haut débit. Quelques Etats dont le Rwanda et le Ghana, ont investi pour l'installation de la fibre optique. Dans beaucoup d'autres pays, comme la RD-Congo se sont les opérateurs de télécoms tels que le français Orange, l'indien Airtel et le sud-africain Vodacom qui ont installé les réseaux 2G et 3G qui couvrent le territoire national, sans atteindre encore de nombreux espaces ruraux. Sur le plan des infrastructures, outre la fibre optique, le défaut et les pannes

---

17 Marange C. et Quessard M. (sous la direction de), *op cit*, pp 24 -28

18 CGI, « Le numérique, une chance à saisir pour la France », in *https://www.cgi.fr/sites/default/files/files_fr/Grenelle_du_numerique/livre_blanc-cgi-grenelle-final2.pdf*, consulté le 14 janvier 2021.

d'électricité sont un gros handicap qui bloque toute initiative de développement en RD-Congo.

En conclusion, pour relever le défi du numérique, il faut privilégier l'excellence et l'enchaînement des facteurs de réussite qu'est le cercle vertueux formation/recherche/ développement – innovation-investissement/infrastructures (électricité et fibre optique). Y a-t-il une volonté au niveau national pour s'y engager ? L'informatisation de la société congolaise est-elle une priorité ? Y a-t-il un plan stratégique, opérationnel et tactique de développement du numérique et d'électrification du pays ? Comment et qui doit mobiliser les acteurs multisectoriels qui doivent y réfléchir et proposer des modalités de leur mise en œuvre ?

Le web 2.0 étant une technologie participative, comment impliquer les jeunes et canaliser leurs énergies en vue de promouvoir l'émergence numérique ? Autant de questions et de pistes de réflexion qui sont lancées dans le débat pour l'avenir de la société rd-Congolaise.

L'université congolaise à l'ère du numérique

Jean-Pierre Muongo

Les évolutions aux plans politiques, économique, démographique, culturel, et donc social, des dernières années, ont changé le paysage de l'enseignement supérieur et universitaire dans le monde. Donc, forcément, en République Démocratique du Congo.

L'explosion des technologies et la demande grandissante de formation obligent les universités à se redéfinir et à se repenser. Obligation aussi à l'Etat d'opérer des choix de développement en éducation et de procéder à des investissements conséquents dans cette perspective. La compétition entre universités en République Démocratique du Congo et de la RDC avec les universités du reste du monde favorisent les formations à distance (FAD) qui apportent forcément des modifications académiques.

A l'ère du numérique, l'enseignement universitaire devient un défi de société que l'on doit relever collectivement. Le développement qui suit, tente d'objectiver les concepts_« internet » et « numérique » avant d'en examiner la gouvernance de en République Démocratique du Congo. Nous donnerons quelques informations sur les capacités et la couverture de la RDC en haut débit satellitaire et en fibre optique après avoir passé en revue la couverture mondiale et africaine. Ceci nous permettra de parler du numérique et l'université en RDC et à l'Université Nationale de Kinshasa (UNIKIN) avant de formuler quelques propositions et recommandations.

Internet

Internet est le réseau informatique mondial accessible au public. C'est un réseau des réseaux, composé de millions de réseaux aussi bien publics que privés, universitaires, commerciaux et gouvernementaux, eux-mêmes regroupés en réseaux autonomes.

L'information est transmise par Internet grâce à un ensemble standardisé de protocoles de transfert des données, qui permet des applications variées comme le courrier électronique, la messagerie instantanée, le pair-à-pair et le World Wide Web (WWW). Certaines organisations, notamment les universités européennes, disposent de leurs propres réseaux (ex. : Renater).

En République Démocratique du Congo, des Universités comme l'UNIKIN ou l'Université de Lubumbashi disposent de réseau propre, il n'existe pas encore de réseau inter universitaire ni une politique dans ce sens à notre connaissance.

Ce qu'on appelle « back bone » de l'UNIKIN

Pour accéder à internet il faut disposer d'un équipement IP ainsi que d'une connexion à un fournisseur d'accès. Pour cela, l'utilisateur emploie les matériel et logiciel suivants : un ordinateur personnel ou tout autre équipement terminal d'un réseau. Un canal de communication vers le fournisseur d'accès :

- Fibre optique,
- Internet par satellite ;
- Un système « client » pour le protocole réseau utilisé (PPP, PPPoX, Ethernet, ATM, etc.) ;
- Un fournisseur d'accès à Internet (FAI) (en anglais ISP pour Internet Service Provider).

On dit numérique une information qui se présente sous forme des nombres associés à une indication de la grandeur à laquelle il s'applique, permettant les calculs, les statistiques, la vérification des modèles mathématiques. Le calcul numérique se fait sur ces nombres, par opposition au calcul algébrique, qui se fait sur des variables désignées par un symbole. Depuis quelques années, le développement du numérique percute l'ensemble des structures constituant nos sociétés. L'éducation, plus particulièrement l'enseignement supérieur, ne fait pas exception à cette règle. Parce qu'internet permet de mettre des savoirs à disposition de chacun, c'est l'organisation même de notre système universitaire qui est interrogée. L'un des pans de cette transformation numérique de l'enseignement supérieur se rapporte spécifiquement aux apprentissages qui s'y déroulent.

De ce point de vue, il est possible de parler de pédagogie numérique afin de désigner l'ensemble des moyens humains, technologiques et matériels dédiés à l'apprentissage de connaissances et de compétences qui intègrent les usages numériques, que ce soit en présentiel, ou à distance via internet.Comme vous devez certainement le savoir, la RDC a commencé sa mutation des systèmes analogiques vers le numérique depuis 21015, mutation qui doit être presque à son terme.

Gouvernance d'Internet

Nous entendons par « gouvernance » l'existence d'une quelconque autorité capable de créer pour l'usage d'internet des règles globalement applicables et renforcées par des sanctions. La gouvernance d'internet existe sous des formes diverses et partielles, mais, dans l'ensemble, internet ne possède pas de système cohérent et efficace pour établir et imposer autoritairement des règles.

Cela s'explique tant par les caractéristiques de la technologie (qui rendent difficile tout contrôle) que par l'expansion mondiale des communications via internet (qui crée un conflit de juridiction entre les régulateurs gouvernementaux). Le développement le plus significatif de la tendance à « gouverner » internet est la création d'ICANN (Internet Corporation for Assigned Names and Numbers).

Créée en 1998, ICANN est une association privée sans but lucratif, ayant reçu le mandat officiel d'effectuer la coordination technique des ressources fondamentales d'internet, tout particulièrement les noms de domaine (par exemple monordinateur.cd). Son autorité s'étend, directement ou indirectement, à tous les utilisateurs d'internet.

Dans chaque pays, ICANN recommande une gouvernance élargie impliquant l'Etat, l'autorité de régulation, les ISP (Internet Service Provider), la Société Civile, les Universités. Dans plusieurs pays, l'on donne la direction de l'institution de gouvernance à l'Université.

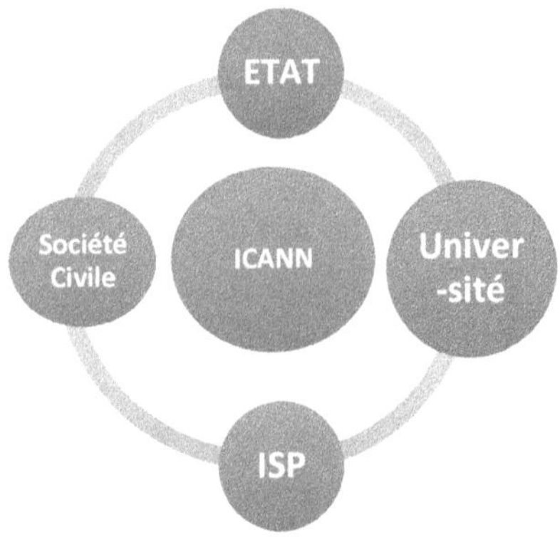

En République Démocratique du Congo, l'ISPA (Internet Service Provider Association) a été créé par l'arrêté ministériel 421/CAB/MIN/J&GS/2003 le 14 juin 2003.

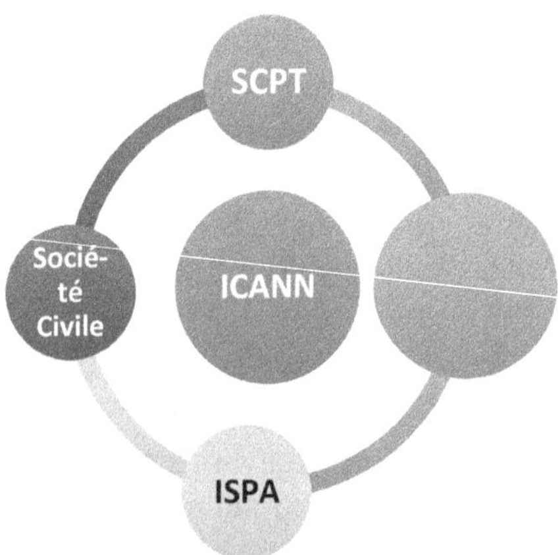

C'est cette association qui est habilité à accompagner la SCPT (opérateur public) dans la gestion du nom de domaine .cd, indicatif national pour l'internet redevenu propriété de l'Etat depuis 2011.

Cette association rassemble les différents acteurs et il serait souhaitable que l'Université s'y implique. Dans les meilleures conditions, les serveurs d'échange internet pourraient être logés au centre numérique de l'Unikin qui assurerait la direction de l'ISPA.

Canaux de communication

Satellites

L'entrée dans le monde du numérique exige l'accès aux réseaux à haut débit et les pays du monde accélèrent les possibilités de couverture satellitaire et l'installation de réseau terrestre à fibre optique. La RDC est bien couverte par la fourniture de bande

La RDC est client ou client potentiel des propriétaires de satellites commerciaux, ce qui pourrait être le cas du nouveau satellite angolais lancé cette année.

Fibre optique

Outre l'importance de la fibre optique comme transporteur de très haut débit, il y a l'importance des connexions et interconnexions dans le monde. On constate une grande connectivité entre les USA et l'Europe, entre l'Europe et l'Asie, entre les USA et l'Asie, entre les USA, l'Asie, l'Australie et la Nouvelle Zélande et quelques connexions entre l'Europe et l'Afrique. L'Afrique reçoit les câbles sur la côte ouest comme l'indique l'image ci-dessous (SAT2, WACS.

La RDC est connecté à la fibre sous-marine WACS (West Africa Cable System) depuis le 18 février 2011 et son réseau terrestre est déjà parti et fonctionnel depuis octobre 2012 entre Muanda et Kinshasa

Les pays africains s'efforcent à installer les réseaux terrestres nationaux et régionaux. Comme on peut le constater sur l'image suivante, la RDC devra faire un effort pour combler son vide et le vide de l'Afrique Centrale.

Le câble WACS relie 13 pays de l'Angleterre à l'Afrique du Sud. La RDC, comme certains autres pays est partie entière du consortium WACS. Le réseau terrestre comporte 9 stations de relais et de liaison urbaine des villes qu'il traverse comme on peut le voir sur l'image du chemin de câble.

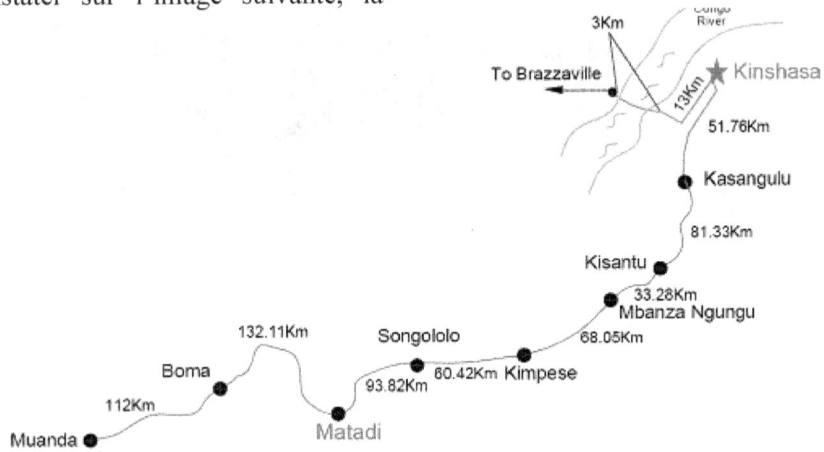

En réalité, ce câble va de Muanda à Brazzaville en passant par Kinshasa faisant ainsi du câble Brazzaville-Pointe-Noire la redondance de Kinshasa-Muanda et vice-versa. Pour la distribution dans la ville de Kinshasa, un « ring » à fibre optique de 21 Km a été installé et comporte 24 points de soutirage. Les installations du réseau à fibre optique sont actuellement utilisées par les opérateurs téléphoniques et d'internet, l'installation des réseaux urbains étant toujours en projet.

Projet Fibre optique en RDC

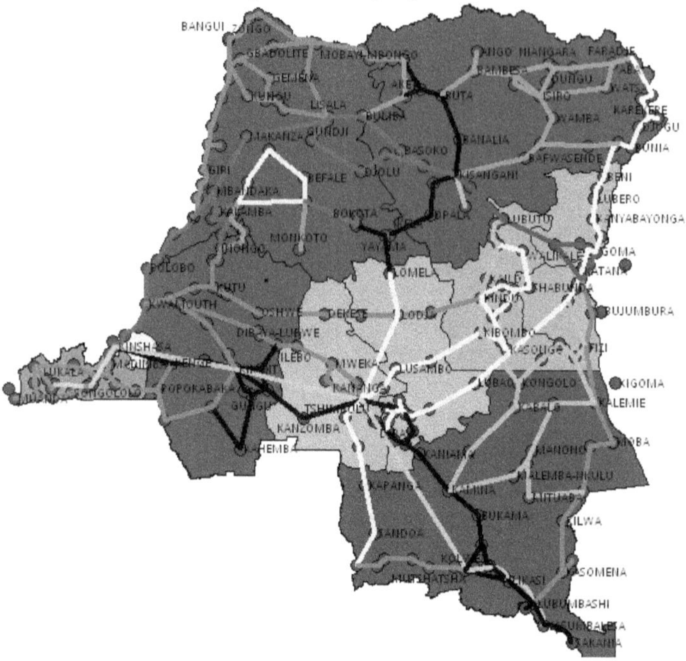

- *Phase 1: Muanda – Kinshasa*
- *Phase 2: Kinshasa – Kasumbalesa*
- *Phase 3: Lubumbashi – Komanda*
- *Phase 4: Komanda – Kisangani – Mbandaka*
- *Phase 5: Mbandaka –Kinshasa*
- *Phase 6: Intérieur de la boucle*
- *Les phases 1 et 2 sont déjà exécutées à ce jour.*

L'Université et le numérique

Vous conviendrez avec moi que l'enseignement, en particulier l'enseignement supérieur se transforme en profondeur par l'arrivée du numérique. Il va en particulier redéfinir le rôle des universités. Il est donc temps, et le cadre de ce congrès s'y prête pour penser à une stratégie relative au développement numérique de l'enseignement supérieur.

L'avènement du e-learning a encouragé des universités à publier des cours sur « Open Course Ware » et ceci montre que le numérique peut modifier de fond en comble la pédagogie. Les programmes des formations, la qualification des professeurs, l'octroi des diplômes doivent désormais tenir compte de l'intervention d'autres universités et centres assurant des formations à distance par le biais de l'internet. En effet, sur le marché de l'enseignement universitaire, des universités et autres sociétés de formation assurent pouvoir garantir :

- Un encadrement et un soutien pédagogique individualisé et personnalisé
- Une pédagogie adaptée à l'enseignement à distance
- Un enseignement assuré par des professeurs détenteurs de doctorats

L'effet conséquent pourrait être la création des cours ou des programmes qui aboutissent à l'octroi des diplômes et titres hors des normes nationales. Les FAD (Formation à distance) deviennent un enjeu de première importance en ceci qu'elles contribuent à changer même le mode de financement des universités. Les universités vendent leurs enseignements à travers un réseau mondial et contribuent ainsi au développement de leur environnement local. Afin de participer aux réseaux des formations à distance, les universités européennes harmonisent leurs structures académiques. La RDC a amorcé une tentative d'uniformisation des programmes avec les Lmd (licence-master-doctorat), ce qui lui permettrait d'être sur la même plateforme que les universités européennes et une bonne partie d'universités d'Afrique francophone.

La pédagogie numérique étant récente, elle n'est pas encore fort rependue. Mais l'on est parti pour l'émergence de l'e-learning et des universités numériques. Il incombe donc à l'Etat congolais de prendre les dispositions nécessaires, les reformes et les investissements substantiels pour participer à cette révolution du numérique.

L'UNIKIN et le numérique

- *Nombre de facultés : 12*
- *Nombre d'étudiants : entre 28.000 et 36.000*
- *Capacité d'accueil : 6.000*
- *Nombre de Professeurs à doctorat : 980*
- *Nombre d'assistants et chefs des travaux : 1.500*
- *Capacité Internet : accès satellitaire, pas de FO*

C'est par l'analyse des données quantifiables que l'on peut commencer le double diagnostic quantitatif et qualitatif (réformes pédagogiques) pour l'adaptation à l'enseignement basé sur le numérique. Un audit sérieux s'impose pour permettre un nouveau mode d'organisation, une gestion numérisée, un nouveau mode de financement et la planification d'équipements (ordinateurs, serveurs ...) et d'infrastructures pour les années à venir. Alors, comme université mère, ayant une histoire et une forte expérience universitaire, elle peut rayonner en fournissant des cours et de la recherche à d'autres universités.

Nous recommandons que sous réserve d'un nettoyage organisationnel de l'UNIKIN (audit et projections) :

- Que l'université plaide sans relâche pour une augmentation substantielle de la part de l'enseignement en général et de l'enseignement universitaire en particulier dans le budget de l'Etat.
- Que face à la transformation en profondeur de l'enseignement supérieur par l'arrivée du numérique, de commencer à valoriser et favoriser l'engagement pédagogique des enseignants et des chercheurs.
- Pour cela, il convient d'ouvrir un chantier qui permettrait d'ajuster, modifier, réorganiser ce qui est nécessaire pour répondre aux enjeux du numérique et permettre aux enseignants et aux chercheurs d'être la tête de pont de la pédagogie numérique.
- Que l'Unikin crée une plateforme stratégique pour le développement numérique de l'enseignement supérieur
- Que l'Unikin effectue toute démarche nécessaire pour participer à la gérance de l'internet en RDC en s'impliquant dans l'ISPA
- Que l'Unikin participe au défi des FAD en fournissant ses services aux 47 universités RD Congolaises et à d'autres dans le monde, ce qui pourrait lui procurer des ressources financières non négligeables.

Internet dans les pratiques universitaires en RD Congo

B. Bercky Kitumu Mayimona

L'intégration d'Internet, symbole le plus visible des technologies de l'information et de la communication (TIC), en milieu universitaire, d'abord occidental et, plus tard, dans les universités africaines, a favorisé l'émergence des outils de médiation aussi bien de savoir que de la gouvernance permettant l'accès ainsi que le partage d'informations entre communautés scientifiques. On verra donc naître à la fin des années 1990 un grand engouement des universités africaines à s'approprier Internet, cet outil de communication « miraculeux » permettant de relier les quatre coins du globe en temps réel (Claudine Leborgne-Tahiri, 2002). Générateur de supports et d'espaces pédagogiques « online » (Mooc, Acolad, Moodle…), des e-books, des bibliothèques numériques, des outils professionnels collaboratifs, des blogs, des forums et des réseaux sociaux professionnels, etc., l'avènement d'Internet a contribué à l'orientation des institutions universitaires africaines vers le développement de nouvelles pratiques de communication, entre autres : celles de l'autoformation numérique, de l'accès à des ressources pédagogiques et documentaires diverses, du partage collaboratif des connaissances, de la numérisation des données académiques.

Malgré certaines contraintes (économiques, technologiques, sociales, etc.) liées notamment au contexte sociopolitique propre à chaque pays africain, ces nouvelles pratiques placent les institutions (universitaires) connectées dans une certaine sphère de collaboration qui favorise l'émergence d'une forme « particulière » de liberté d'action et d'application où l'accès à une information plus abondante et hétérogène, au-delà des limites spatio-temporelles, est possible. Un cadre de travail commun où tout le monde peut obtenir et partager toutes les formes de contenu partout, avec tout le monde et cela à tout moment. Les nouvelles technologies d'information ont, selon Thomas Malone & al. (1997 : 29), « *grandement diminuer à la fois le délai et le coût de la communication d'information, tout comme le télégraphe l'a fait lors de son apparition. En particulier, l'utilisation des technologies informatiques et de télécommunication pour le transfert d'informations a amené ce qu'on appelle l'effet de communication électronique. Ceci signifie, que les technologies d'information peuvent : (1) permettre à une plus grande quantité d'informations d'être communiquées dans un même laps de temps (ou à une même quantité, d'être communiquée plus rapidement), et (2) décroître fortement les coûts de communication* ». Et cela grâce aux différents outils collaboratifs intervenant comme objet de médiation, outil de gestion et/ou de gouvernance, et dont le développement dans toutes organisations sociales est le fruit de la participation des individus. Car, les individus en sont les principaux acteurs et participent à toutes les étapes de l'évolution de la technique (conception, invention, diffusion et appropriation).

Ainsi, nous proposons, à travers cet article tiré de notre thèse de doctorat, une prospection sur Internet comme outil de médiation aussi bien de savoir que de toute autre forme de communication dans les universités. Nous analysons, pour ce faire, les usages réels - en termes d'appropriation - d'Internet dans les universités de la RD du Congo.

L'appropriation comme socle à l'adoption technologique en RDC

La démarche adoptée consiste en une lecture sociopolitique sur les pratiques d'Internet par les enseignants (lieu d'accès, habitudes, fréquences d'usages, offre, besoin, etc.) des universités de la RD Congo. En d'autres termes, nous proposons dans le cadre de cette recherche une description des pratiques dans ces indicateurs quantitatifs.

Nous nous intéressons particulièrement au personnel académique et scientifique de quelques universités de Kinshasa et du Kongo Central. Nous envisageons cet exercice empirique dans le cadre d'une analyse des usages des TIC, principalement dans le courant des recherches portant sur leur appropriation dont l'intérêt tourne autour de la mise en œuvre ou « mise en usage » des objets techniques dans la vie sociale.

Conçue par Josiane Jouët (2000: 502) comme un procès, un acte de se constituer un soi où l'usager n'est plus un simple consommateur passif des produits et services qui lui sont offerts, mais devient acteur et participe à la reconfiguration des outils mis à sa disposition, l'approche de l'appropriation nous intéresse dans ses dimensions tant collectives qu'individuelles et nous permet de souligner l'apport d'Internet dans la médiation des activités académiques et scientifiques des enseignants congolais : qu'est-ce qui est fait ? avec quel outil ? par qui ? avec quels types d'interactions, pour quelle finalité ?.

De la sorte, il nous sera aisé de comprendre comment Internet contribue à l'accès et au partage d'informations en milieux universitaires congolais et de vérifier dans quelle mesure cet outil favorise la création d'une communauté intellectuelle virtuelle permettant aux enseignants d'échanger aussi bien entre eux qu'avec les étudiants et de partager leurs expériences avec les autres milieux universitaires.

Surtout que l'expansion remarquée d'Internet dans les milieux urbains RD congolais, à l'instar d'autres villes africaines, connaît une situation différente des sociétés occidentales. Celle-ci correspond à ce que Nikhil Sinha (1994), partant d'une réflexion sur les enjeux des réseaux de communication au service du développement, qualifie de « révolutionnariste », supposant que les lacunes des pays en développement sont autant des opportunités, car l'absence des équipements permettrait alors de mettre en place, directement, des infrastructures numériques performantes, sans avoir à passer par l'étape des technologies antérieures moins performantes. Et cela, en opposition à la perception « évolutionniste », postulant que les pays en développement devraient suivre les stades canoniques tels que respectés par les pays industrialisés en surmontant le sous-équipement, l'analphabétisme et le faible niveau de développement des contenus afin d'évoluer dans une organisation par étapes à l'image des pays riches.

Ainsi, et malgré sa circonscription dans les grands centres urbains, Internet connaît une importante progression dans le continent africain rendue possible par une étonnante augmentation des investissements dans les infrastructures de télécommunications et le matériel informatique tant par les gouvernements et leurs services que par les associations partenaires et les initiatives privées (J. Brunet, Oumarou Tiemtoré et M-C Vettraino-Soulard, 2002).

Avec Internet, le continent africain semble brûler les étapes de son développement technologique grâce aux produits mis à disposition par son Web. Créant un engouement important vers cette technologie qui désormais joue un rôle social remarqué dans nos sociétés africaines. Toutefois, cette émergence spécifique demeure un leurre pour le continent si les informations diffusées ne concernent en rien l'internaute africain ou encore ne correspondent pas à ses attentes. Car, à en croire Alain Kiyindou

(2003), seule la quantité de contenus africains produits en Afrique par des Africains et/ou utiles aux Africains fournit un indicateur pertinent à une émergence réelle de cette technologie dans le continent.

Inscrite dans le champ de la sociologie des usages, notre réflexion vise particulièrement l'analyse des usages des TIC en milieu universitaire congolais, principalement les usages de sa composante « enseignant ». Notre échantillon est constitué à partir du personnel enseignant de quatre universités congolaises. Ces universités représentent chacune une catégorie fonctionnelle du système éducatif congolais (Publique, Privée, Confessionnelle)[1]. Trois de ces universités sont de Kinshasa : l'UNIKIN, l'UCC et l'Université Technologique Bel Campus et, une, localisée à Matadi, dans la province du Kongo Central, l'ISC Matadi. Ces universités et instituts d'enseignement supérieur sont choisis par rapport à l'infrastructure technique disponible et à leur importance dans leurs régions de fonctionnement.

Cet effort de théorisation *macrosociologique* nourrie de la richesse de la démarche empirique, basée sur une expérience et une observation *microsociologique*, rejoint une préoccupation de recherche utile : celle tendant à interpréter la réalité en se fondant sur le cadre d'analyse des résultats de terrain. Ainsi, il est plus plausible de dégager les inégalités, de démontrer les différents rapports d'exploitation et de ressortir les conflits émanant des usages réels des TIC dans notre terrain de recherche, à savoir le milieu universitaire congolais, comme le suggère Geneviève Vidal (1999 : 240-286 ; 2012 : 217).

Identités des enquêtes

La taille de notre échantillon est de 158 enseignants issus de ces quatre institutions d'enseignement prises comme milieux prospectifs. Répartis en deux principales catégories d'analyse (académique et scientifique), quatre facteurs sociodémographiques permettent de présenter la composition de notre échantillon. Il s'agit entre autres du genre (sexe), de l'âge, du niveau d'études ainsi que de la durée dans la profession (ancienneté).

En effet, non ancrée dans une exploration des facteurs sociodémographiques associés à l'accès et à l'utilisation d'Internet[2], notre réflexion situe plutôt l'intérêt pour ces facteurs sociaux démographiques dans une logique de cadrage

[1] Cette catégorisation est propre à notre démarche. Le ministère de l'ESU ne nous a fourni aucune classification officielle.

[2] Une étude menée par Estelle Monique Sidze en 2005 sur les facteurs sociodémographiques associés à l'accès à l'Internet et son utilisation dans les milieux de l'enseignement et de la recherche au Cameroun permettent d'appréhender les liens ainsi que les effets entre ces facteurs et Internet.

empirique et de compréhension du milieu observé. Elles permettent de la sorte de ressortir autant la composition du milieu en termes de genre que de la tranche d'âge des enseignants, de leur ancienneté ainsi que de leur niveau d'études.

Subséquemment, notre échantillon comprend pour la catégorie ''scientifique'' 16,90% de femmes et 83,10% d'hommes. Pour la catégorie ''académique'', 33,33% de femmes et 66,67% d'hommes. L'âge moyen des répondants varie pour les scientifiques entre 30 et plus de 60 ans et, pour les académiques, entre 41 et plus de 60 ans. Pour ce qui est de leur niveau d'études, l'analyse de ces facteurs révèle que la majorité de scientifiques détient un diplôme de licence (Master II) et qu'en général les académiques ont un doctorat. Du point de vue de l'ancienneté, chaque catégorie d'enseignant présente une particularité. Cela va de 5 à 15 ans d'ancienneté pour les scientifiques et de 5 à plus de 15 ans pour les académiques.

Les enquêtes de terrain réalisées sur base d'un questionnaire couvrent la période allant de mars 2015 à mars 2018.

Résultats des enquêtes réalisées

Conditions d'accès à Internet

Il se présente à la lumière des données colligées, à l'issue de notre enquête, que 3 principaux lieux sont utilisés par les enseignants pour accéder à Internet. Il s'agit entre autres, de l'environnement extra-académique (domicile, bureau privé), l'environnement privé d'utilité publique (cybercafé) et l'environnement universitaire (universités, bibliothèques, centres de recherche, etc.).

Chaque catégorie de répondants présente une particularité quant au lieu d'accès à Internet. Si la popularité de l'université (53,01%) se confirme auprès des scientifiques, l'environnement privé (61,33%) demeure le point d'accès privilégié pour les académiques.

Les cybercafés présents dans certains quartiers (même sur ou près des campus universitaires) sont, quant à eux, des palliatifs majeurs au problème de connexion qui peuvent subvenir.

Chaque lieu, pris de manière isolée (et évalué sur l'ensemble de l'échantillon), constituerait pour les différentes sous-catégories professionnelles des enseignants, un point d'accès privilégié. On remarque dans la catégorie scientifique, par exemple, que les enseignants de la sous-catégorie « chef des travaux » ont en majorité accès à Internet dans leur environnement extra-académique (39,47%) alors que les assistants sont plus connectés dans leur environnement universitaire (70,37% pour les assistants 2e et 61,11% pour les assistants 1er mandat).

Ce qui n'est pas le cas du côté des académiques où tous les enseignants ont majoritairement accès à Internet dans un environnement extra-académique (38,10% pour les professeurs ordinaires, 80,95% pour les professeurs full et 63,64% pour les professeurs associés). Ce qui se justifierait par le revenu important de ces enseignants par rapport à ceux des autres catégories d'enseignants[3] ainsi que la possibilité qu'ils ont d'exercer librement d'autres activités professionnelles. Il y a lieu de préciser que les pourcentages fournis correspondent à la proportion des réponses données pour chaque modalité (lieux d'accès) et non en termes d'effectifs d'enquêtes. Les écarts d'utilisations entre les différents endroits révèlent les disparités observées en termes d'équipements. Posséder un modem privé à domicile paraît être la meilleure solution pour accéder à Internet, surtout pendant les heures creuses (de 23h à 05h du matin).

Qualité d'accès

La qualité du signal Internet est un critère majeur d'utilisation. Un signal bon et stable rassure l'usager. Le réseau Internet congolais partagé entre des fournisseurs filaires Vsat, une fibre optique semi-opérationnelle et les données mobiles des compagnies de téléphonie est apprécié de manière disparate par les enseignants. Chacun, en fonction de son lieu d'accès privilégié et/ou son mode de connexion, évalue la qualité du signal perçu.

Mais, de toute évidence, le signal perçu est moyennement apprécié par les enseignants interrogés. Ceux-ci se plaignent autant de la qualité que du service offert par les fournisseurs.

Les académiques qui ont pour lieu d'accès privilégié leur domicile ont à 56% estimé la connexion satisfaisante. Laissant ainsi transparaître les quelque 26,67% d'académiques qui se plaignent de la lenteur de la connexion et 26,67% autres, dérangés par les coupures intempestives du signal. Lenteur et instabilité du réseau qui dépendent plus du fournisseur.

Du côté des scientifiques, on évoque plus la lenteur (40,96%) et l'instabilité de la connexion Internet (27,71%). La satisfaction n'est perceptible que chez 31,33% des enquêtes. Il faudrait préciser que cette situation est due au fait que la grande majorité des scientifiques est plus connectée sur le réseau de leur institution d'attache, car obligée d'être régulière sur le campus.

Et puisque les scientifiques sont les plus nombreux dans les

[3] Un professeur d'université en RDC gagne 5 fois plus qu'un Assistant et 3 fois plus qu'un Chef de travaux. L'écart de salaires entre le personnel académique et les autres est fortement profond. Et cela sans parler des autres opportunités auxquelles seuls les professeurs y ont droit, car la loi interdit aux scientifiques d'exercer extra muros. Mais les académiques sont libres d'exercer d'autres occupations que celle enseignante.

universités, leur accès au réseau des institutions amoindrit la performance de la connexion. D'autant plus que les services Internet auxquels souscrivent les institutions ne fournissent pas un volume important, jugé trop coûteux. Et ce, malgré les directives de la tutelle quant à l'intérêt accordé à l'accès aux TIC. Rares sont les institutions qui investissent dans ce secteur. Elles recourent pour la plupart à des services n'offrant qu'un volume partagé assez faible.

De toutes les quatre institutions où nous avons réalisé nos enquêtes, le débit le plus grand est celui proposé par le service Internet de l'UNIKIN avec 1.3 Mbps par machine.

Lorsqu'on regarde de près la situation de chaque sous-catégorie, on se rend compte que les chefs de travaux font exception dans la sous-catégorie scientifique. Ils sont à 42,11% satisfaits de la connexion et seulement 23,68% des enseignants se plaignent de la lenteur du réseau. En effet, libre dans leurs activités académiques, les chefs de travaux peuvent (comme les professeurs) se connecter à d'autres institutions ou environnement où ils exercent en extra muros.

Coût d'accès

Les coûts d'accès à Internet varient selon les catégories d'enseignants. Et bien qu'il soit différent au niveau des sous-catégories, l'accès à Internet demeure dans l'ensemble payant. Il convient de préciser que dans la modalité « payant », 2 environnements d'accès ont été pris en considération. Il s'agit du domicile des enquêtes et des cybercafés se trouvant à proximité de leur résidence ou encore de leur institution. Pour ce qui est de la modalité « service pour personnel », nous prenons en compte toutes les possibilités d'accessibilité sans frais avancés par les enquêtes. Il peut s'agir d'une connexion wifi disponible à l'université, dans une bibliothèque ou dans tout autre lieu où les enquêtes exercent une activité liée à leur profession d'enseignant.

Les académiques, qui, en majorité, accèdent à Internet à domicile, n'ont recours qu'à 20% du service pour personnel qu'offrent leurs institutions. 80% de leur utilisation demeure payante. Cette situation peut être expliquée par le fait que la plupart d'académiques ne sont pas permanents sur le campus. Les rares que l'on peut facilement retrouver sont ceux qui ont des responsabilités administratives au sein de l'institution. Ceux-ci constituent donc, pour la catégorie académique, les utilisateurs de la connexion mis à la disposition du personnel par l'institution.

Parmi eux, on retrouve les autorités académiques, les responsables facultaires et départementaux ainsi que des services connexes (membres des cabinets du comité de gestion, laboratoire et centre de recherche, bibliothèque, service publication, etc.). Ainsi, cet accès en grande proportion payant au sein de la catégorie académique est réparti de la manière suivante entre sous-catégories :

- Les professeurs ordinaires sont à 80,95% consommateurs d'un service qu'ils payent et n'usent qu'à 19,05% de la connexion mise à la disposition du personnel au sein de leurs institutions ;
- Les professeurs full payent à 85,71% leur connexion et ne sont que 14,29% à bénéficier de la connexion gratuite de leurs institutions. Ils sont, dans cette catégorie, ceux qui payent le plus leur connexion ;
- Comme leurs collègues, les professeurs associés payent aussi leur connexion (75,76%). Seulement, ils sont les moins nombreux à payer alors que c'est la sous-catégorie la plus importante en termes d'effectif au sein des institutions. C'est aussi dans cette sous-catégorie que l'on retrouve la plupart d'autorités qui dirigent les différentes structures des institutions. Ce qui justifierait, d'ailleurs, le pourcentage le plus élevé des professeurs qui ont recours à la connexion disponible sur le campus de leurs institutions (24,24%).

Les scientifiques, dont le lieu d'accès privilégié est leurs établissements utilisent à 66,27% la connexion mise à la disposition du personnel. Et n'en payent que 33,73%. Engagés par l'université et soumis à un contrôle strict, les assistants sont tenus de se présenter régulièrement à leur lieu de travail. Et cela en respectant les horaires précis et supervisés par les professeurs titulaires des cours qu'ils assistent. Il arrive que certains d'entre eux passent toute leur journée à l'université à encadrer des étudiants.

C'est parmi les scientifiques qu'on recrute les membres des cabinets du comité de gestion, mais également, les collaborateurs scientifiques pour les facultés, les départements et les services connexes. Ils sont donc les plus présents sur le campus et chacun en fonction de sa sous-catégorie, révèle une proportion particulière dans l'utilisation de la connexion de leurs institutions :

- Les assistants du premier mandat sont les plus grands bénéficiaires de la connexion disponible dans les institutions. Ils ont accès, à 77,78%, à la connexion non payante contre 22,22% pour accès payant ;
- Comme leurs collègues du premier mandat, les assistants de 2e mandat utilisent prioritairement la connexion disponible dans les institutions. Ils utilisent à 74,07% le service mis à la disposition du personnel et ne

payent que 25,93% de leur connexion.

Bien que scientifiques eux aussi, les chefs de travaux ont un statut différent des assistants. Ils sont, eux, nommés par le ministre de l'Enseignement supérieur et universitaire, et bénéficient d'une programmation moins contraignante. Ce qui leur permet de vaquer à d'autres occupations. Toutefois, ils sont tenus à respecter et à remplir leurs charges comme définies par la faculté. Ils sont moins réguliers sur le campus et ont la proportion la moins élevée de la catégorie avec seulement 55,26% d'utilisation de la connexion disponible dans les institutions. Talonnée par un accès payant fort de 44,74%.

Moyens d'accès à Internet

Lorsqu'on s'intéresse au matériel utilisé par les enseignants pour accéder à Internet, on relève aussi une disparité selon les catégories d'enseignants.

Si chez les scientifiques, il existe une prédominance du téléphone (60,24% d'utilisateurs) par rapport à l'ordinateur (37,35% d'utilisateurs) et à la tablette (2,41% d'utilisateurs), l'ordinateur semble être l'outil le plus utilisé par les académiques (68% d'utilisateurs). Cette préférence pour l'ordinateur est liée aux lieux d'accès à Internet par les académiques. Le téléphone, quant à lui, arrive en second plan (32% d'utilisateurs), alors que la tablette est quasiment absente. Aucun académique interrogé n'utilise une tablette pour accéder à Internet.

Même chez les scientifiques, la tablette n'est utilisée que par les assistants (3,70% d'assistants 2e mandat et 2,41% d'assistants 1er mandat). Elle est l'outil des assistants. Elle est donc une alternative pour certains assistants. Une option au téléphone, le matériel le plus utilisé (66,67% d'utilisateurs pour le 2e mandat et 55,56% d'utilisateurs pour le 1er mandat), et à l'ordinateur (29,63% d'utilisateurs pour le 2e mandat et 38,89% d'utilisateurs pour le 1er mandat).

Les chefs de travaux sont les seuls scientifiques à ne pas recourir à la tablette. Ils sont aussi, de tous les enseignants de cette catégorie, les seuls à avoir un grand nombre d'utilisateurs de l'ordinateur (42,11%). Et leur usage de l'ordinateur talonne le téléphone à l'image du téléphone qui (du côté des académiques) talonne l'ordinateur chez les professeurs associés (48,48% d'utilisateurs) alors qu'il atteint à peine 19,05% d'utilisateurs chez les professeurs full et les professeurs ordinaires.

Navigateur habituellement utilisé

L'enquête révèle que les répondants recourent à quatre principaux navigateurs pour accéder à Internet. Ceux-ci semblent d'ailleurs être le plus fréquemment utilisés en RD Congo. Il s'agit entre autres : Internet Explorer, Mozilla Firefox, Chrome et Safari. Chaque répondant avait la possibilité de faire plusieurs choix.

Comme pour le lieu d'accès, les pourcentages fournis correspondent à la proportion des réponses données pour chaque modalité (lieux d'accès) et non en termes d'effectif d'enquêtes. Les enseignants interrogés affirment dans leur majorité faire usage d'Internet Explorer plus que les autres navigateurs précités. A lui seul, Internet Explorer représente à 90,36% le point d'accès à Internet le plus utilisé par les scientifiques et à 78,67% par les académiques (78,67%).

Pour la suite, les préférences divergent. Si Chrome peut être considéré comme le second navigateur utilisé par les académiques (28%), cela n'est pas le cas pour les scientifiques dont 9,64% seulement y ont recours.

C'est également le cas pour le navigateur Safari qui, après Internet Explorer, est le navigateur le plus utilisé par les scientifiques (18,07%) alors qu'il est complètement ignoré par les académiques (0%).

Mozilla Firefox est, quant à lui, le troisième navigateur le plus utilisé de deux côtés (15,66% chez les scientifiques et 5,33% chez les académiques).

Fréquence d'utilisation d'Internet

Pour ce qui est de l'utilisation générale d'Internet, les scientifiques se trouvent être les plus grands utilisateurs. 57,83% d'entre eux accèdent chaque jour à Internet contre 44% d'académiques. Alors que 39,76% de scientifiques seulement prétendent se connecter à Internet, les académiques, eux, se trouvent être les utilisateurs les plus indécis d'Internet en termes d'utilisation (56%).

Prise de manière isolée, chaque catégorie présente une particularité quant à la fréquence de chaque sous-catégorie la composant. On se rendra à l'évidence que, par exemple, du côté des scientifiques, les assistants du second mandat atteignent 70,37% d'utilisation quotidienne d'Internet. Ils sont suivis par leurs collègues du premier mandat qui recourent, à 55,56%, quotidiennement à Internet. Les chefs de travaux, en ce qui les concerne, se situent entre un usage quotidien et un usage occasionnel (50% de chaque côté), mais demeurent sans ambages des usagers réguliers.

A préciser aussi que 2,41% de l'ensemble de scientifiques ont déclaré utiliser Internet rarement. Parmi eux, les assistants du 1er mandat (5,55%) et ceux du second mandat (3,70%).

Par ailleurs, 56% d'académiques utilisent souvent Internet. Cela dit, seuls 44% de professeurs interrogés ont affirmé utiliser Internet quotidiennement. Parmi ces utilisateurs quotidiens, les professeurs associés sont les plus réguliers (54,55%). Viennent ensuite les professeurs full avec une utilisation quotidienne évaluée à 38%. Les professeurs ordinaires sont, dans cette catégorie, les utilisateurs les moins réguliers. 33,33% d'entre eux seulement ont affirmé utiliser Internet quotidiennement.

Fréquence d'utilisation selon les finalités

Notre enquête révèle que trois objectifs majeurs justifient des usages d'Internet en milieu universitaire congolais : la recherche, l'enseignement et la communication. De ces trois objectifs, la recherche atteint la plus grande fréquence aussi bien chez les scientifiques (50,60%) que chez les académiques (66,67%). A côté de la recherche, l'enseignement et la communication se partagent les priorités selon les besoins et la catégorie professionnelle de chaque enseignant interrogé.

Si pour les scientifiques l'enseignement est la deuxième raison d'utilisation d'Internet (34,94%), la communication prend le dessus chez les académiques (27,8%). Ceux-ci sont moins tournés vers Internet pour préparer ou dispenser leurs enseignements. Seuls 21,33% d'académiques interrogés ont affirmé recourir à Internet pour leurs enseignements.

Notons, par ailleurs, que malgré l'utilisation d'Internet à des fins de communication, celle-ci n'est pas prioritaire chez les scientifiques. La fréquence d'usages atteint tout de même 30,12%. La communication talonne, en effet, l'enseignement.

Services Internet utilisés

Afin de permettre à chaque répondant de circonscrire son utilisation des services proposés par Internet, la question a été posée de manière ouverte. Et chacun en ce qui le concerne a répondu en citant prioritairement le service auquel il recourt le plus souvent sur le Net.

A la lumière de réponses reçues, trois services semblent être les plus utilisés par les enseignants interrogés. Il s'agit, entre autres, de la messagerie (Email), des réseaux sociaux et des moteurs de recherche.

Ces trois services sont utilisés de manière distincte dans chacune des sous-catégories professionnelles. Mais, sur l'ensemble de deux catégories, on constate une importante utilisation des moteurs de recherche. 86,75% pour les scientifiques et 49,33% pour les académiques. La messagerie arrive en deuxième position chez les académiques (49,33%), et les réseaux sociaux (51,81) en ce qui concerne les scientifiques.

Types de sites Internet consultés

Les sites consultés sont variés et chaque répondant, selon ses besoins, a recours aux sites qui semblent le mieux répondre à ses attentes. Mais, leur consultation est, en règle générale, orientée vers des sites d'informations scientifiques (générales ou spécialisées) et des sites de formations (payants ou en accès libre).

Et, comme pour les autres matières le degré d'usages varie selon qu'on est scientifique ou académique. Il s'agit soit des sites d'informations scientifiques générales (74,70% chez les scientifiques et 44% chez les académiques), des sites d'e-formation en accès libre (56,63% chez les scientifiques et 54,67% chez les académiques), des sites d'organismes internationaux ou partenaires des universités (33,73% chez les scientifiques et 21,33% chez les académiques), du site de l'établissement du répondant (24,1% chez les scientifiques et 8% chez les académiques), des sites d'informations scientifiques spécialisées (61,44% chez les scientifiques et 44% chez les académiques), ou des sites payants d'e-formation (10,84% chez les scientifiques et 5,37% chez les académiques).

Informations recherchées sur Internet

Comme relevé précédemment, les intérêts de chaque catégorie des répondants convergent vers les informations scientifiques. Qu'elles soient générales ou spécialisées, les différents enseignants interrogés affirment consulter plus les sites d'informations scientifiques afin d'accéder à un contenu nécessaire à l'exercice de leur profession.

Le contenu scientifique disponible sur ces sites est présent dans différents types de support numérique. Ces supports sont des documents pédagogiques, des travaux scientifiques (thèses, mémoires, etc.) et des articles scientifiques. Et malgré les différentes proportions dans la recherche ou la consultation de ces supports, les articles scientifiques demeurent le contenu le plus recherché par les deux catégories de répondants. Ils sont recherchés par 84% d'académiques et par 40,96% de scientifiques.

Les travaux scientifiques ne sont recherchés que par 10,67% d'académiques alors que les scientifiques en font leur deuxième support le plus recherché (31,33% de scientifiques). Les documents pédagogiques, quant à eux, n'intéressent que 24,10% de scientifiques et seulement 10,67% d'académiques.

Origines des informations scientifiques exploitées

Les informations scientifiques auxquelles accèdent les répondants proviennent principalement des bibliothèques numériques, des revues scientifiques, des sites de réseaux interuniversitaires et, enfin, des sites d'organismes spécialisés.

Chaque catégorie d'enseignants recourt à une source qui correspond à ses besoins. Si au sommet des ressources les plus exploitées trônent, les bibliothèques numériques chez les académiques (78,67%), les revues scientifiques en ligne demeurent les plus exploitées par les scientifiques (84,34%).

Arrivent en deuxième position (bien qu'à des proportions différentes) les informations provenant des sites de réseaux interuniversitaires (72,29% chez les scientifiques et 33,33% chez les académiques).

Comme troisième source d'information scientifique en ligne, les académiques ont recours aux revues scientifiques en ligne (33,3%) tandis que les scientifiques, eux, vont vers les bibliothèques numériques (72,23%).

Les sites des organismes spécialisés arrivent en quatrième position de sites exploités par toutes les catégories de répondants pour rechercher de l'information. Ils sont exploités par 44,58% de scientifiques et seulement 21,33% d'académiques.

Outils en ligne utilisés

Les activités pédagogiques (enseignement) constituent l'une des raisons pour lesquelles les répondants utilisent Internet. Elles sont, d'ailleurs, aux côtés de la recherche scientifique l'une des missions dévolues à l'université. Et subit, comme la recherche une certaine mutation autant dans sa construction (préparation, élaboration, etc.) que dans sa transmission.

Différents outils (logiciels, applications) permettent ce processus double : construction et transmission des contenus pédagogiques. Et dans cette panoplie, certains requièrent plus de connaissances informatiques d'autres non. Il en est de même de la notoriété qu'ont certains outils comparés à d'autres.

L'attrait ou le besoin de partager les contenus pédagogiques en ligne n'est pas un fait général en milieu universitaire enquêté. Quoique la majorité de répondants (74,7% de scientifiques et 89,33% d'académiques) affirme recourir à des outils informatiques pour préparer et partager leurs cours en ligne. Le logiciel de présentation « PowerPoint » semble être le plus utilisé. 66, 27% de scientifiques et 84% d'académiques interrogés affirment s'en servir pour préparer et diffuser leurs cours. Ensuite vient la plateforme de création de vidéos animées basée sur le cloud « Vyond ». Anciennement nommé « GoAnimate », cet outil en ligne n'est utilisé que par 6,02% de scientifiques et se trouve être complètement ignoré par les académiques interrogés. Le logiciel de présentation développé par Apple « Key note » fait aussi partie des outils utilisés par les répondants. Bien qu'à faible proportion, cet outil est connu et utilisé par des enseignants de toutes les deux catégories (4,82% des scientifiques et 5,33% d'académiques) contrairement au Vyond.

Outils pour le suivi des étudiants

L'encadrement et le suivi des étudiants font aussi partie des usages d'Internet par les enseignants interrogés. Ceux-ci affirment, en effet, avoir recours à quatre types d'outils pour échanger avec les étudiants. Il s'agit, entre autres des forums de discussions, des courriers électroniques, des listes de diffusions et des réseaux sociaux.

Parmi les quatre types d'outils, les courriers électroniques et les réseaux sociaux sont les plus utilisés, autant chez les scientifiques que chez les académiques. Ils atteignent, pour les courriers électroniques, 25,30% de scientifiques et 50,67% d'académiques. Pour les réseaux sociaux, on relève 56,63% de scientifiques et 38,67% d'académiques.

Ils sont suivis par les forums de discussions qui sont utilisés par 7,23% de scientifiques et 5,33% d'académiques. Les listes de diffusion viennent en dernière position et ne sont utilisées que par 1,20% des scientifiques alors qu'aucun académique interrogé n'affirme s'en servir.

Conclusion

Cette réflexion tirée de notre thèse de doctorat défendue en décembre 2019 met en exergue les profils d'usagers ainsi que les différents usages que font les enseignants des universités congolaises d'Internet. Pour y parvenir, nous avons défini un cadre empirique considérant prioritairement les pratiques des usagers et non pas leurs institutions. Les enseignants, répartis en catégories et sous-catégories professionnelles, constituent donc notre champ d'analyse.

Les enquêtes menées auprès de ces enseignants ont permis de situer les conditions et les moyens d'accès ainsi que les usages d'Internet en milieu universitaire congolais.

Il apparaît, dans les conditions et moyens d'accès, que trois principaux lieux sont utilisés par les enseignants pour accéder à Internet, à savoir l'environnement extra- académique (domicile, bureau privé), l'environnement privé d'utilité publique (cybercafé) et l'environnement universitaire (universités, bibliothèques, centres de recherche, etc.). Ces lieux offrent, chacun, une qualité de connexion et proposent différents coûts d'accès.

Dans ces lieux, les enseignants utilisent trois principaux matériels (tablette, ordinateur et smartphone). A l'aide de ces matériels, les enseignants accèdent à Internet via quatre principaux navigateurs

(Internet Explorer, Google Chrome, Mozila Firefox et Safari).

Pour chacun de ces conditions et moyens d'accès à Internet, il est fait état d'une particularité pour chaque catégorie professionnelle. Académiques ou scientifiques, chaque enseignant, en fonction de ses moyens et de ses besoins, utilise les conditions et les moyens qui lui sont les plus abordables.

Bien qu'orientés et diversifiés, les usages sont déterminés par les conditions et moyens d'accès pour enseignants. La fréquence d'utilisation d'Internet demeure relativement moyenne (44% pour les académiques et 57,83% pour les scientifiques).

Dans l'exercice de leur profession, les enseignants ont plus recours aux moteurs de recherche comme service Internet (49,33% chez les académiques et 86,75% chez les scientifiques). Et dans tout ce qu'ils entreprennent sur Internet, la recherche demeure la principale raison d'utilisation.

À propos des transformations numériques de la presse sans ou avec délit [1]

Kodjo Ndukuma Adjayi

À Isra Ngahowaly et Alex Ndukuma.
pour l'accomplissement de votre aïeule et le vôtre

Nous avons choisi de faire un plus large propos sur les transformations générales que le numérique[1] apporte au journalisme. La dépénalisation du délit de presse est une évocation ancienne, mais son propos n'a pas encore vieilli. Qu'est-ce qui change quand tout bouge ? Peut-être est-ce tout qui bouge, mais rien ne change ?

[1] La présente réflexion est une réadaptation de certains points plus anciens de l'exposé du Pr Kodjo Ndukuma Adjayi à l'« Atelier de renforcement des capacités des médias d'information en ligne en RDC ». Cet Atelier fut co-orgranisé par l'UNESCO et la MONUSCO, le mardi 18 septembre 2018, au Sultani Hôtel Kinshasa, sur le sujet : « Quel modèle économique pour les médias en ligne dans le nouvel écosystème numérique ? ». La réflexion avait ensuite été enrichie au cours de la Conférence du Samedi 16 novembre 2019, organisée sous le thème : « La problématique du Droit d'accès à l'information », par le Département des sciences de l'Information et de la Communication de l'Université Pédagogique Nationale Salle K2. Elle avait alors porté le titre : « À propos de la responsabilité pénale du journaliste à travers le numérique ». Aujourd'hui le titre est adapté

[1] F. OST et M. Van de Kerchove, *De la pyramide au réseau ? Pour une théorie dialectique du droit*, Presses des facultés universitaires, Saint-Louis, 2002.

Dans une étude menée en mai 2019 sur les habitudes médiatiques des Congolais, il apparaît à la question d'enquête sur les médias suivis par les Congolais au cours des 30 derniers jours :

- la Radio compte pour 68% contre 72 % entre 2019 et 2018 ;
- la Télévision compte pour 47% contre 48% dans la même période ;
- l'Internet compte pour 24% dans la constance ;
- les Chaînes câblées pour 16% contre 9% en très forte hausse entre 2019 et 2018 ;
- la Presse écrite pour 2% en 2019 contre et 1% en 2018.[2]

Les technologies numériques bouleversent le modèle de fonctionnement de plusieurs secteurs, y compris celui des médias. La révolution, impulsée par le code binaire, concerne à la fois les habitudes professionnelles de traitement, de collecte et de diffusion de l'information, que leurs modes de consommations, avec des acteurs, nouveaux, d'«infomédiation».

Le monde de 2017, c'est 4,05 milliards internautes, avec 300 millions d'internautes africains et 13,5 millions d'internautes congolais.[3] Le pays le plus peuplé aurait pu être *Facebook* à raison de 3 terriens sur 7 qui s'y trouvent. À la base, le couplage de la numérisation et de l'Internet a transformé notre manière d'être, d'apprendre et de consommer. Nous vivons désormais dans une société de l'écran. L'ère du « reformatage » des cerveaux humains a sonné avec le paradoxe de l'intelligence artificielle et le paroxysme de la contextualisation algorithmique des connaissances.[4]

Dans l'ordre d'une socialisation planétaire des masses, les « égo media » d'hier sont devenus des « masses média » d'aujourd'hui.[5] La communication 2.0 a véritablement transféré le pouvoir informationnel à l'individu, solitaire ou grégaire. La technologie numérique a aussi procuré au grand public la prise de contrôle du tempo de l'accès à l'information en engageant sa délinéarisation. C'est la rupture de la chaîne monodirectionnelle. Le temps s'éloigne où la Presse fut le maître incontesté des arcanes journalistiques et de ses règles de l'art : des pouvoirs polycentriques du Net font émerger une chaîne de valeur qui tourneboule les schèmes traditionnels du secteur des Médias et

---

2 Target Research & Consulting, *Audiences des médias en RDC,* Kinshasa / Gombe, (c) mai 2019, p. 17

3 ARPTC, *Observatoire du marché de téléphonie mobile*, Direction de l'économie et prospective, 4e trim., Kin, 2017

4 Word Stat, 2017. Forbes Afrique, « La révolution numérique : Accélérateur de la croissance africaine », 4e éd., *Forum économique*, 21 juillet 2015, Brazzaville, Congo

5 DR L. Alexandre, *La Guerre des intelligences, Intelligence artificielle versus Intelligence humaine*, JC Lattès, Paris, 2017, pp. 1-339

de l'Information. C'est autant admettre l'impact sociétal qu'a sur l'art journalistique, la nouvelle économie informationnelle avec sa « longue traine des myriades d'éphémérides. »[6]

L'information n'est désormais que de l'ordre « des bits dans une base de données dont le stockage et la distribution ne coûtaient presque rien [comme] tous ces morceaux vendus une fois de temps en temps finissaient par faire masse [...] Dans un monde où l'emballage ne coûte presque rien et où l'on accède presque instantanément à presque tout contenu dans ce format »[8], où se situent la Presse et le journaliste ? De l'« infobésité »[7] à l' « infocalypse »[8] où situer le cyberjournaliste dans la nouvelle chaîne de valeur de l'Internet composé d'« infomédiaires »[9] ? La responsabilité pénale du journaliste est à situer la part de l'information et de ses infractions dites « délits de presse », dans le fouillis des données numériques, car tout autant que l'information n'est devenu que donnée sur Internet. La donnée comme forme représentative de la connaissance ou de la non-connaissance transcende l'information comme message communicable et compréhensible.[10]

Il faut comprendre au préalable les aspects des transformations numériques du (cadre de) travail du journaliste **(I)**. Ce décorum situe les propos sur les aspects de réglementation organisationnelle, de régulation préventive et de pénalisation du travail journalistique, avec en ligne de mire le combat pour la dépénalisation des délits de presse **(II)**

I. Aspects des transformations numériques du décorum informatif

Des signaux numériques peuplent l'arrière-plan de l'univers dématérialisé. Le dialogue invisible des machines gouverne les symboles visibles de notre alphabet humain. Il influence la production éditoriale, la diffusion, la distribution et la consommation de l'information. Dominique Wolton ne pensait pas si bien dire de la menace et de la fragilité de la communication, en dépit de son triomphe à l'ère numérique. « Omniprésente, elle [la communication] est cependant peu légitime et suspecte, comme si finalement elle avait vaincu des faits et non dans l'ordre

6 CH. Anderson, *La longue traine, quand vendre moins c'est vendre plus*, Flammarion, champs essais, Paris, 2012

7 Courrier International, *Fake News, vous n'avez encore rien vu !*, n°1451, 23 au 29 août 2018, spéc. A. Ovadya, « Les remèdes contre l'"inficalypse" », pp. 30-32.

8 V-L. Benabou et J. Rochfeld, *op.cit*, pp. 39.

9 V.-L. Benabou et J. Rochfeld, *À qui profite le clic ? Le partage de la valeur à l'ère numérique*, Odile Jacob, collection corpus, Paris, 2015.

10 P. Catala, *Les transformations du droit par l'informatique, Emergence du droit de l'informatique*, éd. des Parques, 1983, p. 264.

des valeurs », dit-il.[11]« Si [déjà] le monde scientifique peine tant à tracer les contours du phénomène communicationnel », comme le dit le Professeur Henri Mova Sakanyi,[12] il est davantage complexe de théoriser dans un contexte où le devenir de l'information dégénère et se régénère.

Évocation de trois phénomènes émergents de la presse numérique

De nouveaux phénomènes émergents, qu'il faut approcher et décrypter, dans l'environnement professionnel du journaliste.

Premièrement, dans le cyberespace, la concurrence est faite à la Presse par de non-professionnels, ce qui conduit à une relative banalisation de la valeur de l'information au milieu d'une myriade de contenus. *Deuxièmement,* la gratuité invétérée du Net déplace à présent le centre de gravité de la relation journaliste-lecteur vers un autre polygone de sustentation afférant aux aspects de monétisation des données personnelles, du nombre de clics, de la masse des vues sur des annonces publicitaires. *Troisièmement,* sur Internet, les infomédiaires ne sont plus uniquement des tuyaux de diffusion comme le furent les canaux passifs de radiotélévision. Ils sont, en revanche, des agents d'une gouvernance algorithmique dont les politiques, pas toujours de neutralité technologique[13], affectent finalement le contenu lui-même. En perspective, de nouveaux défis du numérique appellent des approches d'infléchissement du modèle drastique que le cyberespace planétaire impose aux médias congolais.

Tension entre la chaîne de valeur du Net et l'industrie journalistique

L'écosystème numérique est formé d'une superposition des couches techniques et collaboratives. La couche physique est celle des infrastructures des télécoms faites de *hard ware.* C'est grâce à des fréquences radioélectriques (dites fréquences d'accès) ou via le dernier kilomètre du réseau (dit *last mile*) que l'utilisateur se connecte à la chaîne des serveurs informatiques, reliée au système de noms de domaines qui est la racine du nommage et de l'adressage IP. La couche logique faite de *soft ware* est indispensable pour assurer l'intelligence opérative du réseau et ses fonctionnalités. L'univers

---

[11] D. Wolton, *Sauver la communication,* Paris, Flammarion, Paris, 2005, p. 5. H. Mova Sakanyi, *Communication sociale et politique, une perspective panoramique des savoirs*, L'Harmattan, coll. Recherches en bibliologie, Paris, 2015, p. 16.

[12] H. Mova Sakanyi, *op.cit*, p. 14.

[13] V. SCHAEFER et H. CROSNIER (sous la dir.), *La neutralité de l'Internet un enjeu de communication,* CNRS éditions, coll. les Essentiels d'Hermès, p. 11. Q. SGARD, *Les nouveaux enjeux de la neutralité : du flux à la donnée*, Mémoire présenté dans le cadre du Master 2 Droit du numérique, Administration-Entreprises, sous la direction de M. Antonin Agier et M. William Gilles, Université Paris 1 - Panthéon Sorbonne, juin 2016, p. 25.

nébuleux de la programmation assure l'interopérabilité des applications informatiques. La couche sémantique est le support d'interactions pour les utilisateurs dont la syntaxe permet l'entrée des commandes ou les échanges alphanumériques.

Au regard de leurs rôles et responsabilités dans l'écosystème numérique, le droit des médias et de la communication numérique structure les acteurs en fournisseurs de contenus et en intermédiaires techniques. Ces derniers, appelés infomédiaires, occupent « [d]ans cet univers cybernétique, le rôle du messager [qui] devient presque plus important que le sens du message ».[14] « Contrairement aux idées reçues, Internet et les réseaux numériques constituent un monde dans lequel la relation entre deux points suppose de multiples passeurs : l'opérateur de télécoms mettant à disposition l'infrastructure, les fournisseurs d'accès, de cache, d'hébergement, de *cloud*…»[15] et les éditeurs de contenus. La Presse relève de la catégorie des éditeurs professionnels, autrement dit fournisseurs d'information en ligne, qui en portent la responsabilité éditoriale.

Toutefois, la liberté d'expression et de communication s'est débridée avec le Web, en mettant en concurrence l'initiative citoyenne avec l'exercice du métier de journalisme. Jamais le pluralisme informatif n'aura apporté autant de vices libertaires à la vertu démocratique. Avec les UGC, *User Generated Content*, tout le monde participe à la conversation planétaire. Le mode décentralisé du protocole TCP/IP a conduit « à une abolition de la frontière traditionnelle entre auteurs et public, entre professionnels et amateurs ».[16]

Le consommateur est ainsi le créateur et le destinataire de nouveaux services dont simultanément il est la source d'alimentation.[17] Une nouvelle profession est née dans l'économie informationnelle, sans réel coût d'opportunité, ni la même structure que des charges que le journaliste, en ce qui concerne la collecte et le traitement de l'information. Il en est ainsi des « fermes de contenu » qui s'arrogent le même mérite d'informer et de vivre de l'information, sans en être l'auteur. Il s'agit de « ces sites qui ne produisent pas eux-mêmes l'information, mais la répertorient en opérant des liens vers les sites où elle est présente ».[18]

Pourquoi l'information est-elle gratuite ? Mais, est-ce vraiment gratuit ?

La Presse numérique relève du droit commun des médias, à la frontière aujourd'hui franchie du commerce en ligne. Le paiement d'un prix ou la gratuité des biens ou des services en ligne, auxquels le destinataire accède par voie électronique n'est pas un critère déterminant pour

[14] *Ibidem*, pp. 42.
[15] V.-L. Benabou et J. Rochfeld, *op.cit*, p. 39
[16] *Ibid.*, p. 32
[17] *Ibid.*, p. 33
[18] *Ibid.*, p. 43

qualifier une activité comme relevant ou non du commerce électronique. L'essentiel est que l'activité soit économique, au sens du *considérant* n°18 de la directive européenne 2000/31/CE sur les aspects des services de la société de l'information.[19]

Il en est ainsi en particulier pour certains sites d'information sur Internet, les journaux en ligne ou encore des moteurs de recherche. Le bénéfice de ces services en ligne n'est pas forcément rémunéré. La difficulté technique de mettre en place des systèmes de micropaiement sur toutes les pages du site *web* de l'éditeur en ligne a conduit, en effet, la plupart des offreurs à ne pas faire payer l'accès à un contenu en ligne. Toutefois, le fournisseur de contenu peut décider à son gré de configurer sur son site un tarif positif ou nul pour les services offerts en ligne. Tout autant, un même site peut offrir des possibilités d'accès gratuit et/ou payant pour certains contenus. Dans ce cas, l'éditeur du contenu se contente de voies alternatives de financement de son existence en ligne. Vis-à-vis du consommateur sur Internet, ce média en ligne présente le statut gratuit ...

Plus généralement, la « *subvention* »[20] du service en ligne est assurée par les annonceurs ou par les moteurs de recherche. Ils donnent accès « gratuitement » aux informations, tout en établissant un « score de pertinence » d'activités sur le site web alimentant des référencements tarifés de nature publicitaire supportés par autrui. Ce score leur permet de faire intervenir les fréquences et les occurrences des termes significatifs analysés comme des mots clés des requêtes du client dans l'« infosphère » numérique. Cette pratique de référencement payant est supportée par l'annonceur, dont la visibilité ou la promotion de l'image est privilégiée sur l'Internet auprès des utilisateurs du moteur de recherche.

La pratique ainsi décrite équivaut à « un marché à deux versants, deux

[19] Directive 2000/31/CE du Parlement européen et du Conseil du 8 juin 2000, relative à certains aspects juridiques des services de la société de l'information, et notamment du commerce électronique, dans le marché intérieur (« *directive sur le commerce électronique* »), JOCE n°178, 17 juillet 2000, pp. 0001-0016.

[20] Y. Deville, « W@ Électricité : consommation, MDE, dérégulation, ... », *Glossaire à l'adresse*, [http://alpestat.com/lexique/html/_subventions_croisees.html], (consulté le 16 décembre 2013). Nous avons pertinemment refusé d'utiliser le terme « subventions croisées » qui, en droit de la concurrence, comporte un sens bien précisé quant à la distorsion de la position des acteurs sur le marché. Cette forme de péréquation est prohibée en principe : « lorsque la concurrence sur un marché donné est faussée par des flux financiers considérés comme extérieurs au marché. [...] Il est difficile de trouver une définition économique rigoureuse pour la notion de subvention croisée. [...] on dit parfois qu'il y a subvention croisée lorsqu'un groupe de consommateurs paye un bien à un prix supérieur au coût marginal qu'aurait ce même bien produit uniquement pour le groupe considéré. À la limite, cette définition recouvre toute forme de péréquation géographique, ou même les investissements de très long terme (subventions croisées entre générations) ».

groupes d'agents économiques distincts interagissent par le biais d'un intermédiaire (la plateforme) qui gère les effets de réseaux entre eux ».[21] Le destinataire en ligne qui consomme gratuitement le produit n'est donc pas en réalité celui qui le finance ou qui le rémunère. Un traditionnel mantra du Net dit : « si c'est gratuit, vous êtes le produit ». Maintenant qu'on subodore pourquoi c'est apparemment gratuit, est-ce vraiment gratuit ?

Diktat économico-technique de la gouvernance algorithmique sur l'information

En réalité, « face à la massification de l'information, les fameux « contenus » n'acquièrent de la valeur, sur Internet, que s'ils sont triés et classés, s'ils sont rendus identifiables et accessibles. Nous vivons dans une économie de l'accès qui valorise le messager.[22] « Dans ce contexte, ce ne sont plus seulement les radiodiffuseurs classiques ou les éditeurs de presse qui maîtrisent la diffusion de l'information, mais des géants économiques à la tête d'incommensurables réseaux de donnée ».[23]

Si, par exemple, un site web d'information est déréférencé sur *Google*, il devient non adressable dans l'infosphère. Il y a fort à dire qu'il n'existe donc plus dans la vitrine de la galerie. Il est appelé à disparaitre dans le rebus de l'arrière-boutique du Net. « *Avec environ 96% de parts de marché des moteurs de recherche généraliste en France (beaucoup moins aux États-Unis),* [...] *Il suffit d'un changement des paramètres de l'algorithme, décidé de manière unilatérale par les concepteurs du moteur, pour que des sites caracolant jusque-là en tête du page rank soient relégués dans les profondeurs du classement* ».[24] Un autre exemple montre bien la puissance de l'algorithme sur les fournisseurs de contenus éditorialistes ou non. Les fermes de contenus « se sont vus "privés d'antenne" lorsque Google a décidé qu'il ne fallait pas encourager les internautes à les fréquenter.».[25]

Financement des médias en ligne par la publicité et la monétisation des données

Selon la doctrine, une universalité de fait se constitue en ligne sans personnalité juridique. C'est le fonds de

---

[21] D. Bounie et M. Bourreau, « Les marchés à deux versants dans les médias », in X. GREFFE et N. SONAC, *Culture web*, Dalloz, Paris, p. 477 et s., spéc. p 491

[22] A. Strowel, « Introduction », in *Google et les nouveaux services en ligne*. Impact sur l'économie du contenu et questions de propriété intellectuelle, Larcier, 2008. V.-L. Benabou et J. Rochfeld, *op.cit*, p. 40. La valeur vient pour beaucoup

[23] *Ibid.*, p. 41

[24] *Ibid.*, p. 43

[25] *Ibid.*

commerce électronique.[26] Étant exclusivement mobiliers, les éléments incorporels de la clientèle du site web d'information en font partie et servent à sa valorisation par ailleurs : nom de domaine, charte graphique du site, savoir-faire logistique, fichier de la clientèle lectrice... « Du fichage au profilage (*profiling*) en passant par l'analyse statistique en masse (datamining), on dessine le profil de l'internaute pour l'envoi de publicités ciblées ».[27] Le site journalistique devient alors un lieu de regroupement du public pour leur servir de la publicité ou pour produire du *big data et du datamining*).[28]

Tous les intermédiaires qui offrent des services dits gratuits se financent en réalité par des transactions sur les données et informations relatives au comportement des usagers lors de leur navigation. Un fichier de mille personnes contenant des données de base est vendu en moyenne 60 centimes, mais le prix peut grimper à 250 euros pour des profils détaillés (ce sera le cas par exemple, pour une liste d'adultes obèses ayant déjà acheté des produits amincissants).[29]

Il est normal que le référencement n'échappe pas à la définition de la publicité, dite communication commerciale, qui fait partie du commerce électronique européen.[30] Leur modèle économique repose, en grande partie, sur la gratuité apparente vis-à-vis des internautes.[31] Tel est l'exemple de *Facebook* ou *Google,*

[26] PH. le Tourneau, *Contrats informatiques et électroniques*, 6e édition, Dalloz, Paris, 2011-2012, p. 339

[27] L. Marino et R. Perray, « Les nouveaux défis du droit des personnes : la marchandisation des données personnelles », in J. Rochfeld *(dir.)*, *Les nouveaux défis du commerce électronique*, préc., p. 55.

[28] G. Ripert, R. Roblot, et L. Voguel, *Traité de droit commercial,* Tome I, vol. 1, LGDJ, 18e éd., 2001, n°445 cité par J. Azema, R. Besnard Goudet, B. Rolland, J.-P. Viennois, *Dictionnaire de droit des affaires,* ellipses, collection dirigée par Jean-Pierre Scarano, Paris, 2007, p.228. *Verbo* « fonds de commerce » : « Les éléments incorporels sont constitués par le nom commercial, l'enseigne, le droit au bail, les droits de propriétés industrielle ou intellectuelle (marque, brevet, dessin et modèle, logiciel, droit de propriété littéraire et artistique). Les éléments corporels regroupent les matériels et les marchandises. La clientèle est un élément indispensable à la composition du fonds de commerce. Sans clientèle, le fonds n'existe pas ».

[29] V.-L. Benabou et J. Rochfeld, *op.cit*, p. 19.

[30] Article 2, directive 2000/31/CE, préc

[31] V.-L. Benabou et J. Rochfeld, *op.cit*, pp. 37 et 38. « Les raisons de cet état de fait sont multiples : elles tiennent tout à la fois des principes idéologiques et à des obstacles techniques [...] ; l'intention altruiste de certains internautes, mus par la seule envie de faire progresser l'innovation ou la connaissance, sans espoir de contrepartie immédiate, autre qu'une éventuelle reconnaissance symbolique. [...] la difficulté historique de mettre en place les instruments techniques sécurisés permet de réaliser en confiance des micros paiements. Devant le retard pris, les agents économiques ont souvent préféré se tourner vers un modèle de gratuité apparente pour les utilisateurs finaux ou de rémunération indirecte par des contributions financières spontanées. Plus classiquement, ils ont misé sur la publicité et, dans cette époque, sur la

pour les plus connus.[32] Les moteurs de recherche en ligne font alors tout le reste avec des mots clés, des fils de l'info, des suggestions des tendances à la frappe des premières lettres sur le clavier de l'internaute... Le pouvoir des algorithmes assure la facilité des recherches, mais alimente aussi l'aspect criminogène des canulars.

Alimentation des « Fake News » par les technologies numériques

Il se constate une dure réalité avec les algorithmes : il est possible de leur prêter de grandes vertus d'intellectualisme, mais ils valorisent davantage la quantité que la qualité. Le coefficient d'occurrence des algorithmes tient davantage compte du nombre de « *like* », de « *forwards* », de « commentaires » ou du compteur des visiteurs, au point où la mauvaise information trouve une bonification à se répandre sans jugement de sa qualité, mais du simple fait des occurrences ci-détaillées. « La popularité d'un contenu sur Facebook suffit à lui accorder une place importante dans le fils d'infos, même s'il est faux ».[33]

Les algorithmes contribuent à la large diffusion d'informations les plus courues, sans considération de leur véracité, ni de leur qualité, au point que les « fake news » par leur caractère sarcastique, humoristique, invraisemblable, sensationnel ou amusant, attirent le « buzz » et caracolent en occurrence des moteurs de recherche, au détriment d'informations plus policées produites dans les règles de l'art, mais qui ne suscitent pas la même hystérie collective du Net. Pire, la pratique d'« achat » du nombre de « *followers* » ou encore la sponsorisation des liens hypertextes, en principe informatifs, travestissent l'importance réelle de l'information de même que l'affluence réelle de la source d'émission. Bien à propos, un philosophe platonicien s'est posé la question : « À l'heure de la réalité virtuelle, le réel entier semble frappé de virtualisation, pour devenir l'empire d'un *vraisemblable* n'ayant que l'apparence du vrai. Comment sortir de la caverne ? ».[34]

Tout doit changer, tout a changé, y compris la vieille téloche. La télévision qui trônait dans les salons se promène avec nous dans nos mobiles. Elle est notablement devenue la TMP, la télévision mobile

monétisation des données personnelles collectées à l'occasion des transactions. Si la technologie a depuis évolué et est aujourd'hui capable d'accompagner de manière plus efficace et rentable les micros transactions, l'habitude de la gratuité est prise ; ce qui rend plus difficile le passage "payant" ».

[32] L. Marino et R. Perray, *op.cit*, p. 54-55.

[33] Courrier International, *Fake News, vous n'avez encore rien vu !*, n°1451, 23 au 29 août 2018, spéc. A. Ovadya, « Les remèdes contre l'"infocalypse" », pp. 30-32, spéc. p. 31

[34] A. Bidar, « Aujourd'hui dans la caverne de Platon », in *L'Obs*, Cahier n°1, éd. n°272, Paris, 1er au 7 mars 2018, p.12.

personnelle, la web TV, la télévision connectée.

Mutations de l'audiovisuel face au numérique

La technologie numérique a permis la « *délinéarisation* » de la télévision. Le *« linéaire »* relève de la télévision traditionnelle, avec la logique de « chaîne TV ». Le large public restait soumis au temps et à la grille de programmes voulus par le fournisseur. Avec la VoD, vidéo à la demande, et la TVR, télévision de rattrapage, le téléspectateur devient le maître de son moment de visionnage des contenus. Il s'opère, ainsi, un autre redéploiement stratégique du paysage audiovisuel.

Le tout numérique est l'« *âge du contrôle de la vidéo par le spectateur* ».[35] En effet, « la vidéo à la demande [VoD] ou encore la télévision de rattrapage [TVR] permettent de visionner sur le poste de télévision ou l'ordinateur, de manière gratuite ou payante, des programmes audiovisuels au moment choisi par l'utilisateur », contrairement à la TV classique.[36]

Plus simplement, Internet a rencontré le potentiel du média TV et a changé peu à peu l'objet de la télévision.[37] Les progrès technologiques ont favorisé la prise de contrôle sur la vidéo par le spectateur, qui peut facilement commander (le direct), enregistrer, conserver, transférer des contenus avec une grande liberté de visionnage différé ou des « *replay* ». Les mutations en cours présentent de nouvelles tendances qui se poursuivent inexorablement. Par exemple, l'essor de la vidéo « à la demande » marque de plus en plus l'initiative du spectateur. La tendance se renforce vers une télévision « sur mesure » avec une préférence pour les offres de mini-bouquets ou de chaînes à l'unité, différentes de gros bouquets TV. Il s'est créé la catégorie des services de médias audiovisuels à la demande (SMAD). Les phénomènes de l'Internet sont d'échelon planétaire. Les activités numériques occupent le marché global. Ils dépassent les frontières nationales. Ils débordent du cadre légal de la presse et de répression des infractions en RD Congo.

---

35 [www.cnc.fr] (consulté le 23 décembre 2013). Le centre national de cinéma et de l'image animée, en sigle CNC, est l'établissement public français dont les missions principales sont de réglementer, soutenir et promouvoir l'économie du cinéma en France et à l'étranger.

36 [http://www.csa.fr/Services-interctifs/Services-de-medias-audiovisuels-a-la-demande-SMAD] (consulté le 8 juillet 2017).

37 P- F. Docquir et M. Hanot, *Nouveaux écrans, nouvelles régulations*, Larcier, Coll. « droit des technologies », Bruxelles, 2013, p. 9 et s. M. Hamot, « Prendre le temps et le temps de la mutation », Introduction et Chapitre 1, in P-F. Docquir et M. Hamot, *op.cit.*, pp. 9-22. M. Culot, « télévision connectée : un débat enrichi par l'approche des usages », in P.-F. Docquir et M. Hanot, *op.cit.*, pp. 137-152.

II. Aspects de réglementation organique et pénale de la presse

Le cadre d'activité du journaliste professionnel connait des chamboulements à l'ère numérique. La loi sur de la Presse de 1996[38] a du mal à contenir les artefacts de la révolution numérique. Il en est de même du Code pénal porté par le décret colonial de 1940.[39]

Réorganisation du paysage audiovisuel congolais

En RD Congo, le ministre des Médias et celui des télécoms ont adopté une réglementation en faveur du nouveau paysage audiovisuel plus adapté à la TNT. Ce paysage est restructuré autour des prestataires techniques, classés en quatre types d'acteurs ou exploitants.

Premièrement, la catégorie des *« éditeurs de programmes »* identifie l'opérateur assumant exclusivement les tâches de production studio et/ou d'édition de contenu ou programmes.

L'opérateur TV est considéré traditionnellement comme chaîne de télévision. Il assume dans la télédistribution actuelle, la production, la transmission et la diffusion. Dans la migration vers la TNT, il devient « éditeur de programmes », en se limitant, désormais, aux seuls travaux définis pour sa catégorie.

Deuxièmement, une autre catégorie, les *« opérateurs de Multiplex »* est formée par des assembleurs de contenu se limitant à agréger les programmes et services provenant de plusieurs éditeurs ou opérateurs télécoms, afin de former des bouquets et les rendre disponibles à un diffuseur pour la distribution.

Troisièmement, le *« diffuseur »* est un opérateur qui assure la fonction essentielle de diffusion dans le spectre des fréquences hertziennes et effectue le transport et la distribution des programmes par fibre optique, par câble, par satellite ou par faisceau hertzien (FH). Il est le seul habilité à détenir des fréquences dans le cadre des licences attribuées par l'autorité compétente.

Quatrièmement, le *« fournisseur des services (Télédistributeur) »* assemble des programmes d'origine étrangère et locale dans des bouquets, afin de les commercialiser à l'intention des clients particuliers, moyennant un abonnement mensuel ou annuel. Cet opérateur offre en RDC des bouquets TV au diffuseur qui en assure la distribution à travers le réseau TNT.[40]

---

[38] Loi n°96-002 du 22 juin 1996 fixant les modalités de l'exercice de la liberté de presse, 42e année, n° spécial, août 2001.

[39] *Code pénal congolais, Décret du 30 janvier 1940 tel que modifié et complété à ce jour*, 47e année, numéro spécial, 5 octobre 2006

[40] Arrêté interministériel n°002/TNT/CAB/M-CM/LMO/2015 et n° CAB/VPM/PTNTIC/TLL/0002/2015 du 25 avril 2015 du Vice-premier Ministre, Ministre des PTT et du Ministre de l'information et média portant définition des

Le ministre de la Communication et des médias avait édicté un autre arrêté[41] en application de leur Arrêté interministériel résumé ci-dessus. Il entendait habiliter vers la TNT la coordination du Comité national de la migration, à recevoir les demandes et conduire les procédures de délivrance des licences d'exploitation des services TNT.[42]

Ce texte, en application très poussive, réorganise, néanmoins, un sous-secteur d'audiovisuel qui est dûment prévu dans la loi sur la liberté de la presse de 1996. L'essentiel fut d'encadrer la mutation technologique vers la TNT. Toutefois, les activités de la presse en ligne sont nombreuses sur le terrain, mais aucunement prévues dans la législation. Un acte réglementaire a été initié avec originalité et courage.

Tentative de régulation étatique des activités de presse en ligne en RD Congo

L'arrêté tentant de réglementer les activités de la presse sur Internet a suscité débats au lendemain immédiat de son édiction le 14 juin 2018.[43] Les journalistes ainsi que le large public y aperçurent le spectre de la censure électoraliste.

De façon emblématique, l'arrêté dispose de passer tout message publicitaire auprès des institutions publiques de contrôle de publicité avant sa diffusion sur un média en ligne.[44] Les critiques fusèrent. Au lieu d'instituer simplement tel préalable – quasi impossible –, l'État devrait travailler à la promotion et à la protection de l'industrie nationale de l'information, par rapport au contexte compétitif et globalisé du marché numérique.

---

acteurs du nouveau paysage audiovisuel congolais, récupération par l'État congolais des fréquences analogiques octroyées aux chaînes de télévision et interdiction d'importation en République Démocratique du Congo des récepteurs analogiques, JO.RDC, n°11, 1er juin 2016, col. 24.

42 41 Arrêté ministériel n° CAB/M-CM/LMO/006/2015 du 25 avril 2015 du Ministre de la Communication et Médias *p*ortant procédure d'obtention d'autorisation d'exploitation de la TNT, in JO RDC, col. 27

43 42 Article 1, Arrêté susdit: « La Coordination du Comité national de la Migration vers la TNT procède à des appels à candidature pour la fourniture des services de la télévision numérique terrestre à vocation nationale ou régionale pour le réseau public et à l'examen des dossiers des soumissionnaires privés pour les réseaux privés ».

43 Arrêté ministériel n°011/CAB/M-CM/LMO/2018 du 14 juin 2018 modifiant et complétant l'arrêté n°04/MIP/020/96 portant mesures d'applications de la loi n°96-002 du 22 juin 1996 fixant les modalités de l'exercice de la liberté de presse.

44 Article 5, al. 1, arrêté ministériel n°011/CAB/M-CM/ LMO/2018 du 14 juin 2018, préc

Cadre institutionnel du secteur de la presse

En partant de la liberté de la presse, combinée à l'Internet mondial, nous pensâmes qu'il fallut travailler à des solutions juridiques, économiques et stratégiques permettant de tirer avantage du dividende congolais de sa vibrante démographie. L'idée serait peut-être d'ériger un droit des douanes immatériel à l'économie de la donnée. L'information de presse se mêle à la donnée multiforme sans corporalité *intramuros*. Faute de disposer d'un démêloir, faut-il en créer des espèces de frontières invisibles, là où les frontières physiques de l'État sont transpercées par le journalisme numérique transfrontière ?

Nous n'en sommes pas à la prospective. Le droit positif dispose d'un cadre institutionnel à partir duquel nous finirons de cadrer les propos de la responsabilité pénale du journaliste à travers le numérique. Assistons, avec le Net libertaire, à l'Informel de l'Information ? Le particulier se cache derrière son avatar informatique. Le journaliste évolue à la mesure de sa signature bien contrôlée ; il écope des sanctions à la mesure d'une signature mal contrôlée.

Le secteur national de la Presse est géré par une régulation étatique avec le Conseil Supérieur de l'Audiovisuel Congolais (CSAC). Il connait aussi une régulation des pairs journalistes entre eux au sein d'entité d'autorégulation : Union Nationale de la Presse Congolaise (UNPC). Cette dernière veille à appliquer les règles déontologiques aux journalistes qu'il patente. L'idéal vers lequel le journaliste aspire n'est pas un monde d'impunité, mais de ne pas comparaître, pour faute professionnelle ou déontologique, devant le juge des voleurs et des violeurs. La dépénalisation du délit de presse vise la justice faite par les pairs, en dehors des parvis du Palais de Justice, sans préjudice des indemnités civiles pour les victimes.

Délits de presse

Le « *delictum* » du latin habite la faute ou le péché du journaliste en ligne ou hors ligne. C'est le fait illicite dommageable pour autrui exigeant réparation (faute civile).[45] C'est le délit du politiquement incorrect attentant à l'organisation et au fonctionnement des pouvoirs publics (infraction d'opinion). C'est purement l'infraction commise par voie de presse. C'est légalement toute infraction commise par voie de presse, écrite ou audiovisuelle.[46] Pour Pierre Akele, dont le passage sur terre fut la lumière de plusieurs générations de pénalistes congolais, c'est la vision très large de « l'abus de liberté de la presse, c'est-à-dire, l'usage des

[45] Article 258, Code civil congolais livre III.

[46] Article 74, loi-cadre 96-002 du 22 juin 1996, préc.

médias à des fins de commettre quelques infractions que ce soit ».[47]

La voie de presse est le canal de manifestation de plusieurs nuisances et dangerosités. La typologie des délits de presse stigmatise les infractions de droit commun et de droit militaire qui empruntent ledit canal. Selon le Règlement intérieur du CSAC, les délits de presse sont des infractions pénales dont la particularité est le fait qu'elles s'extériorisent par voie de presse écrite ou audiovisuelle ou encore en ligne.[48] L'enceinte de la prévention peut sembler corporatiste, mais le délit de presse s'étend à toute infraction commise par voie de presse, par l'entremise d'un support médiatique, écrit, électronique ou audiovisuel. Cette compréhension de Ghislain Mabanga enserre, dans le champ d'inculpation, toute personne, professionnelle ou non, qui userait de l'outil médiatique pour commettre quelques infractions qui soient.[49]

Sous l'angle du droit commun, il peut s'agir d'infractions à dol spécial: 1° des incitations diverses (au vol, au meurtre, au pillage, à l'une des infractions contre la sûreté extérieure et intérieure de l'État, à la discrimination, à la haine, à la violence à l'égard d'une personne ou d'un groupe en raison des origines, des appartenances ethniques, raciales, idéologiques, religieuses, nationales ou non) y compris dans le cas où telle infraction n'aurait pas été suivie d'effets ; 2° d'une offense au Chef de l'État[50]; 3° de la provocation à l'infraction (par discours écrits, par imprimés, dessins, gravures, images, peintures, emblèmes ou tout autre support de l'écrit, de la parole ou de l'image, tels supports soient-ils vendus, distribués, diffusés ou exposés dans les lieux ou des réunions publiques).[51]

Les imputations dommageables et la diffamation y passent également en constituant les plaintes faciles pour atteintes à l'honneur ou à la personnalité par voie de presse.

Sous l'angle militaire, il apparaît: 1° l'incitation des membres de forces armées et des services de l'ordre à se détourner de leurs devoirs ; 2° l'incitation des forces combattantes à passer au service d'une puissance étrangère ; 3° la participation délibérée à une entreprise de moralisation de l'armée ou de la population dans le but de nuire à la défense nationale ; 2° la livraison directe ou indirecte à une puissance étrangère des renseignements, des documents ou des procédés qui doivent être tenus secrets

[47] P. Akele Adaou, « Dépénaliser les délits de presse en RDC pourquoi et comment ? », in *Plaidoyer sur la dépénalisation des délits de presse en République Démocratique du* Congo, Kinshasa, mai 2004.

[48] Article 74, Règlement intérieur, CSAC.

[49] G. Mabanga Monga, « L'apport de la dépénalisation des délits de presse dans le processus démocratique au Congo », in Plaidoyer pour la dépénalisation des délits de presse en RD Congo, Kinshasa, mai 2004, p. 34Article 77, loi n°96-002 sur la liberté de presse, préc.

[50] Article 76, *Ibidem.*

[51] Article 78, *Ibid*

dans l'intérêt de la défense nationale.[52]

Bien plus spécifiquement apparaissent : les actes d'entraves ou d'atteinte à la justice, les cas de la représentation des délinquants devant la presse, la participation à une diffusion ou à une émission contraire à la loi, l'ordre public et les bonnes mœurs, l'irrégularité de diffusion pour non-habilitation, non-respect des formalités administratives prescrites par la loi, de toutes sécurités privées de radiodiffusion sonore et de télévision.[53]

De jurisprudence récente, l'affaire Gecoco Mulumba *vs* Ministère public fait référence pour condamnation à 18 mois de prison du prévenu ayant utilisé les moyens de l'électronique via médias sociaux numériques afin de porter offense au Chef de l'Etat.[56] Le condamné fut autrefois député national, dénué de ses immunités au moment de l'affaire. La qualité d'élu du peuple couvre des poursuites judiciaires. La qualité de journaliste est un symbole de liberté et de responsabilité fondant à adopter un principe de démocratie : ne pas l'attraire en justice, mais le faire juger par ses collègues. Le vent de démocratisation est passé par là dans les années 1990. Il fallait garantir le débridement des langues muselées et la libération des plumes emprisonnées. Dépénaliser, c'est plomber l'aplomb d'imposition du silence par la dissuasion d'une justice politique. La censure dictatoriale avait déjà ses meilleurs trophées de « ciseau d'or » censurant la presse libre.

La dépénalisation du délit de presse est l'épilogue bien à propos des propositions de notre temps, où l'infrastructure de l'information devient l'infrastructure de liberté.

Conclusion

Que dire de plus sans jamais en dire assez : le journaliste pénalisé pour excès de liberté ou le journaliste sanctionné pour défaut de responsabilité ?

Depuis 1818 en France[54], en Belgique[55], le vent d'effacement de certains délits d'opinion s'est levé. Ce vent n'a plus cessé de souffler sur les abords du Togo[56], du Congo-

52 Article 80, *Ibid*

53 BBC, News Afrique : « Gecoco a été condamné pour offense au Chef de l'État », 29 avril 2018

54 H. Pigeat et J. Leprette, *La liberté de la presse. Le Paradoxe français*, PUF, Paris, 2003

55 B. Vacher, Les enjeux de l'information et de la communication, varia, 2009/1 (Volume 2009), p. 210. Depuis, cinquante ans en Belgique, aucune poursuite pour délits de presse n'a été enregistrée.

56 K. Yete, *La problématique de la dépénalisation des délits de presse au Bénin*, Mémoire de DEA, Cotonou, 2005, p. 103. En août 2004, le parlement leva l'option du renforcement des amendes pour diffamation, outrages ou injures dans la presse…. 104-105

Brazzaville[57], de l'Ouganda[58], du Tchad[59], influençant la RD Congo dont l'organisation « Journalistes en danger » reste encore pour le moins lucide : oui à la dépénalisation ! Non à la déresponsabilisation du journaliste ![60] « Oui à la dépénalisation…mais pour quel type des journalistes ; des mercenaires ? Des loups affamés […] ? Des parachutés dans le métier aux fins d'échapper aux dures règles du chômage ? »[61] Le syndicat de journalistes en danger aura révélé lui-même en 2006 des dérives, fautes professionnelles et manquements graves : non-respect de l'obligation de responsabilité, atteinte intentionnelle à la dignité humaine suite à des injures faciles, des menaces et chantages, des calomnies et des règlements de comptes.[62]

Il ne faut pas que l'affranchissement de l'entrave des sanctions pénales fasse du quatrième pouvoir de la presse, comme tout autre, la ruine du processus démocratique par l'inconscience de certains de ses membres.[63] L'amende peut-elle payer le prix de l'honneur aux frais du journaliste indélicat et aux dépens du déshonneur causé ? Les adversaires de la dépénalisation pensent que les amendes et les dommages et intérêts peuvent réparer des délits nuisibles, intentionnels subis des professionnels des médias sans forcément qu'eux-mêmes en paient le prix de leur liberté d'aller et de venir.[64] Faut-il dépénaliser sans éduquer, ni cultiver le respect des lois, d'autrui, de la déontologie pro, ni former des journalistes de valeur, ni chasser les intrus ?[65]

L'outil numérique synthétise l'envers et l'endroit des libertés. Liberté s'inscrit toujours dans les almanachs de responsabilité. Dans un système d'anarchie, si le désordre est la loi, le vide juridique reste, néanmoins, un faux mythe. Le supplice de Sisyphe est l'effort pour les institutions juridiques d'avancer vers le progrès

---

57 *Ibid.*, p. 104-105. Au Congo/ Brazzaville, La loi dite « loi Iboyi » de 2002 dépénalisa les délits de presse.

58 *Ibid.* La Cour suprême de justice ougandaise déclara inconstitutionnelle l'infraction de propagation de fausses nouvelles.

59 Le législateur tchadien a supprimé les peines de prison pour de nombreux délits de presse (diffamation, injures, offense au Chef de l'État), tout en renforçant le barème des peines pour l'incitation à la haine raciale ou ethnique et l'apologie de la violence par voie de presse (6 mois à 1 an de prison et 150 à 15000 euros d'amendes exprimés dans la loi en franc CFA)

60 JED, *État des lieux des médias émettant en Afrique centrale, Rapport 2007*, Kinshasa, 2007, p. 12

61 M. Likoko Yangala, *Cadre légal et institutionnel de la liberté des médias*, UPC, Mémoire de fin d'étude, UPC, L2 Droit privé et judiciaire, Kinshasa, 2018-2019, p. 63. (citant Th. Nsimi)

62 JED, *Journée internationale de la presse,* Kinshasa – Maison des élections, Kin-Gombe, avril 2006.

63 Montesquieu, *De l'esprit des lois,* Livre III, chap. V, p. 94.

64 *Cf.* J.C. Ekambo, *Paradigme de communication,* Ifasic éditions, Kinshasa, 2004.

65 F. Budim'badi, « Débat sur la dépénalisation des délits de presse en RDC », in *Plaidoyer pour la dépénalisation des délits de presse en RDC*, Kinshasa, 2004.

technologique qui chaque jour suscite des défis et paradoxes qui sont autant de lignes d'horizon qui reculent à mesure qu'on s'y approche. Vivant les réalités de l'Internet libre, la nétiquette, belle éthique du Net, ne suffit pas à lui seule pour le journaliste.

Pour le journalisme classique tout comme la communication 2.0, la force du code des lois, de l'éthique et déontologie fera celle du cadre dépénalisé des normes journalistiques. Face au code informatique et ses lois binaires, malgré le mélange du virtuel et du réel de notre société de l'information, rien de mieux n'a été trouvé, comme linéaire de la norme de droit servant d'« instrument de régulation et de discipline à la disposition des professionnels de la presse pour une autocensure sans complaisance ».[69]

Le courrier électronique entre l'épistolaire numérique, le média interactif et les archives électroniques

Bob Bobutaka Bateko

L'information est devenue la matière première pour la gestion de la société à tel point que notre époque est considérée par certains historiens comme *ère de l'information*. À la différence de l'*Homo australopitecus* ou de l'*Homo sapiens*, l'homme de cette ère est aussi appelé *Homo informaticus* qui est l'émanation du *Homo Sapiens Sapiens*. Couramment, l'information peut être parlée, écrite ou perçue. Il s'agit de connaitre ce qui est au-delà des organes de sens (la vue, l'ouïe, l'odorat, le toucher et le goût). En effet, « L'information est aussi le moyen pour un individu de connaitre son environnement. Certaines informations sont plus vitales que d'autres qui pourraient avoir une motivation récréative »[1].

Cette situation a conduit à une prolifération exponentielle de la production des informations, occasionnant ainsi une demande d'informations complexe et grandissante. Et pour rationaliser l'accès à l'information, il a été conçu des structures ou des systèmes de canalisation des informations pour servir de lieux de médiation (les organes de presse, les services d'archives, les bibliothèques, les centres de documentation ou les centres d'information, le journal officiel, les maisons d'édition, les librairies, etc.) que nous qualifions d'institutions bibliologiques.

---

[1] Bob Bobutaka Bateko, *Archivologie, Bibliologie et Communicologie : Approche épistémologique*, Saarbrücken, Éditions Universitaires Européennes, 2014, p. 40.

L'information n'a de sens qu'à travers sa capacité d'être exploitée : d'où la prise en compte du paradigme du postulat corrélationnel entre l'information et la communication. Ainsi, nous avons émis cette rationalité depuis 2011qui stipule que l'information et la communication sont indissociables. Pour ce faire, nous soutenons que *l'information est la rationalité causale de la communication et la communication constitue la rationalité conséquentielle de l'information.*

Ce mariage a été consolidé avec l'avènement des technologies de l'information et de la communication comme un des aspects de la révolution technétronique.

En effet, « après l'invention de l'écriture puis l'avènement de l'imprimerie, les premiers pas vers une société de l'information ont été marqués par le télégraphe électrique, puis le téléphone et la radiotéléphonie, alors que la télévision et l'Internet ensuite la télécommunication mobile et le GPS ont associé l'image au texte et à la parole *sans fil*, l'Internet et la télévision devenant accessibles sur le téléphone portable qui est en même temps un appareil photo. Le rapprochement de l'informatique et des télécommunications, dans la dernière décennie du XXe siècle, a bénéficié de la miniaturisation des composants, permettant ainsi de produire des appareils *multifonctions* à des prix accessibles, dès les années 2000 »[2].

Le courrier électronique, quintessence notionnelle

Le courriel est la forme supérieure du courrier. Celui-ci est « la correspondance écrite entre personnes, généralement deux ; un expéditeur qui l'envoie et un destinataire qui le reçoit. Ce sont des lettres manuscrites, mais aussi des cartes postales. On les envoie dans une enveloppe, ou tel quel quand c'est une carte postale. Le courrier a toujours existé depuis l'antiquité et les premières formes de communication par report, dont l'action consiste à transmettre une communication par une autre forme que la parole colportée par un homme, l'écrit. Le courrier est protégé par le secret de la correspondance »[3].

En effet, « le courrier électronique, ou courriel par contraction, est un service de transmission de messages envoyés électroniquement via un réseau informatique (principalement l'Internet) dans la boîte aux lettres électronique d'un destinataire choisi par l'émetteur. L'expression désigne aussi le message, sous sa forme abrégée empruntée à l'anglais *e-mail*, *email* et *mail* (formes

---

[2] Wikipédia, *Technologies de l'information et de la communication* http://fr.wikipedia.org/wiki/Technologies_de_l'information_et_de_la_communication, consulté le 20 décembre 2009 à 15h35.

[3] Wikipédia, *Courrier*, http://fr.wikipedia.org/wiki/Courrier, consulté le 21 décembre 2009 à 12h24.

abrégées d'*electronic mail*) »[4]. Il y a lieu de souligner qu'il s'agisse du courrier ou du courriel, que la quintessence est la transmission de l'information sous format écrit entre un émetteur et un récepteur. Elevé en objet épistémologique et gnoséologique, l'écrit est la matière première d'études de la bibliologie qui est ainsi considérée comme la connaissance scientifique sur la pétrification et la communication du schème ou de la pensée. Du point de vue taxinomique, il y a « l'écrit manuscrit, l'écrit imprimé, l'écrit imprimé périodique, l'écrit documentaire ou d'entreprise, l'écrit lumineux et l'écrit informatisé »[5].

S'agissant de l'écrit informatisé, on peut catégoriser aussi les ordinolingues qui sont « les écrits de gestion produits de l'utilisation de l'ordinateur »[6].

Les bibliologues s'intéressent également à ce champ de recherche. C'est ainsi que nous pouvons citer Robert Estivals, Eddie Tambwe, Marie-France Blanquet, Jean–Pierre Manuana, Jacques Hellemans, nous-mêmes, etc. sans oublier, notamment, Paul Otlet qui a envisagé le *livre téléphoté* en ce sens qu'« on peut imaginer le télescope électrique, permettant de lire de chez soi des livres exposés (…) »[7].

Il y a lieu de noter que la vision de ce Belge, ami au Congolais Paul Farnana, date des années 1930, alors que l'Internet n'a pris corps théoriquement que vers 1960. En fait, en *1961*, Leonard Kleinrock du *Massachusetts Institute of Technology* publia le premier texte théorique sur les télécommunications par paquets ; et en 1964, il publia le premier livre sur le sujet.

Nos recherches révèlent que « le courrier électronique existait avant l'Internet et fut un outil précieux durant la création de celui-ci. Il prit forme en 1965 en tant que moyen de communication entre utilisateurs d'ordinateurs à exploitation partagée. Le Q32 du SDC et le CTSS du MIT furent les premiers systèmes de messagerie électronique. Ils s'étendirent rapidement en réseau, permettant aux utilisateurs de transmettre des messages à travers différents ordinateurs. Le système AUTODIN pourrait avoir été le premier, en 1966, à autoriser l'échange de courriels entre ordinateurs, le système SAGE avait des

---

[4] Wikipédia, *Courrier électronique*, http://fr.wikipedia.org/wiki/Courrier_%C3%A9lectronique, consulté le 26 décembre 2009 à 18h33.

[5] Robert Estivals, *La Bibliologie*, Paris, PUF, 1984, p. 57.

[6] Bob Bobutaka Bateko, *Le versement, le tri et l'élimination des documents d'archives selon les critères d'évaluation aux Archives Nationales du Congo*, Travail de Fin de premier cycle universitaire, Sciences et Techniques Documentaires, Institut Supérieur de Statistique de Kinshasa, 1991- 1992, f.25.

[7] Bob Bobutaka, *Ecrit, Information et communication en République Démocratique du Congo : Essai de bibliologie*, Paris, L'Harmattan, 2009, p.42.

fonctionnalités similaires quelque temps auparavant »[8].

Par ailleurs, il y a lieu de mettre en exergue que le réseau ARPANET[9] a contribué à l'évolution du courrier électronique. La messagerie intersystème a existé déjà en 1969. Ray Samuel Tomlinson est un ingénieur américain considéré comme un des précurseurs, si pas le créateur du courriel. Il est né en 1941 à Amsterdam dans l'État de New York, aux États-Unis d'Amérique.

On note qu'en 1972, il a proposé l'utilisation du signe @ (arobase) pour séparer le nom d'utilisateur de celui de la machine. Ses premiers programmes de courriel *SNDMSG* et *READMAIL* jouèrent un rôle important dans le développement du courrier électronique, lequel vit sa popularité fortement augmenter grâce à ARPANET.

L'arobase

L'arobase est employée sur Internet principalement dans les adresses de courrier électronique, c'est-à-dire comme séparateur entre le nom d'utilisateur et le nom du domaine de messagerie. Une adresse email est une chaîne ou une suite de caractères permettant de recevoir et d'envoyer un message par voie électronique à travers une boîte aux lettres informatique.

Ce faisant, « L'arobase ou en anglais *at*, également appelé *arrobase, arrobe, arobas, arrobas*, *a rond bas* [*de casse*] ou encore *arobasque*, est le caractère typographique @. L'arobase est un logogramme formé d'un *a* écrit en minuscule dont la patte du coin bas droit est prolongée jusqu'à faire le tour de la lettre en revenant au coin bas droit : @. Le nom *arobase* vient du castillan *arroba* (portugais *arroba*, catalan *arrova*), qui désigne une unité de mesure de masse et de capacité en usage en Espagne et au Portugal, de grandeur variable selon les régions. Ce terme, attesté en Espagne depuis 1088, vient lui-même de l'arabe الربع (*ar-rub*), *le quart*, un quart de quintal, soit 25 livres »[10].

D'après certaines sources, l'arrobase aurait été exploitée par les moines copistes pendant le Moyen Âge en termes de ligature[11]. Certains textes attesteraient cette thèse vers le VIe siècle, voire dès les IIIe et IVe siècles. Aussi, nous avons noté

[8] Wikipédia, *Origines du courrier électronique*, *http://fr.wikipedia.org/wiki/Courrier_%C3%A9lectronique*, consulté le 28 juillet 2011 à 19h30.

[9] *ARPANET ou Arpanet (acronyme anglais d'Advanced Research Projects Agency Network, souvent typographié « ARPAnet ») est le premier réseau à transfert de paquets développé aux États-Unis d'Amérique par la DARPA. Le projet fut lancé en 1969 et la première démonstration officielle date d'octobre 1972.*

[10] Wikipédia, *Origine de l'arobase*, http://fr.wikipedia.org/wiki/Arobase, consulté le 31 juillet 2011, à 21h34.

[11] Une ligature est la fusion de deux graphèmes d'une écriture pour n'en former qu'un seul nouveau, considéré ou non comme un caractère à part entière. Elle peut donner naissance à un digramme.

que le signe @ désigne l'arroba depuis 1775.

La bibliomatique

Du point de vue terminologique, le concept de bibliomatique a été forgé par Robert Baticle en contractant deux termes : *la bibliologie et l'informatique*. Nous pouvons définir la bibliomatique comme « l'étude de l'écrit et de la communication [écrite] informatisée »[12].

Ce néologisme a été rendu public lors du colloque franco– bulgare de 1981 intitulé : *Bibliologie, Documentologie et Sciences de l'information*. En effet, au cours de ce forum scientifique, « trois termes nouveaux ont vu le jour, parrainés respectivement par Robert Estivals, Jean Guénot et Robert Baticle : *médiatologie, scripturologie et bibliomatique*. Ces termes recouvrent déjà des concepts précis et seront très prochainement explicités dans des revues scientifiques »[13] pouvait-on lire à l'époque. A ce stade, nous tenons à faire la démarcation entre la bibliomatique et la bibliotique. En effet, si la première s'intéresse à l'écrit et à la communication écrite informatisée, la bibliotique, quant à elle, se focalise sur le volet de la bibliologie exploitant l'écriture.

Pour cette branche de la bibliologie, Robert Estivals estime que « pour une problématique de l'écrit informatisé : la bibliomatique, la schématisation et l'idéologie avaient montré, en introduction de ce colloque franco-bulgare, comment la révolution de l'écrit informatisé reconstituait une chaîne synthétique de production, schématisait l'écrit, contraignait les utilisateurs et développait une idéologie technologiste »[14].

Dans la perspective d'asseoir et de construire un schème scientifique sur la bibliomatique, il a été organisé le 8 mars 1985 avec la Société de Bibliologie et de Schématisation (SBS) une journée intitulée : *Voyage en bibliomatique* à l'Université de Paris VII.

Cette rencontre savante a connu, notamment la participation de « Robert Baticle dont la contribution était axée sur les deux voies de réflexions convergentes : sur l'écrit face à l'informatisation et sur l'informatique face aux problèmes de l'écrit. Robert Estivals quant à lui, a traité du

[12] Bob Bobutaka Bateko, *Formation universitaire et supérieure de la bibliologie en République Démocratique du Congo, Bibliologie au Congo – Kinshasa* in Revue de Bibliologie Schéma et Schématisation, n*58, Paris, SBS, 2003, p.19.

[13] Association Internationale de Bibliologie, « Colloque Franco–Bulgare de 1981 Intitulé : Bibliologie, documentologie et sciences de l'information », In: Communication et langages. n°51, 1er trimestre 1982. pp. 118-122.

[14] Association Internationale de Bibliologie, « Colloque Franco-Hongrois de bibliologie sur « l'écrit face aux nouvelles technologies, compte rendu, Budapest 3-7 décembre 1985 » In: Communication et langages. N°67, 1er trimestre 1986. pp. 113-115.

problème général de l'écrit face aux nouvelles technologies, Roger Laufer a exploité la qualité courrier, qualité imprimée : le prix du savoir-faire »[15]. Par ailleurs, il a longuement exposé à la fois sur les avantages et les inconvénients des dispositifs informatiques dans le traitement de l'écrit (…) ; quant à Abraham Moles, il a fait part de l'évolution du raisonnement logique, de l'imprimé à l' [écrit] informatisé.

Il a, en outre, évoqué les aspects d'holistique bibliologique en ce sens qu' « il constate le totalitarisme historique de l'écrit (texte) et se demande si sa prédominance sur l'image est due à des circonstances historiques ou s'il s'agit d'un fait fondamental. Que l'individu pense en ligne (écrit) ou en surface (image), il ne reproduit qu'une toute petite partie du monde global. Jacques Daignault et Chantal Greffe ont respectivement mis en relief les aspects éditologiques avec des solutions à quelques problèmes de microédition, la télématique : une aide à la documentation informatisée en indiquant les mécanismes à l'acquisition, au traitement, au stockage et à la diffusion de l'information »[16]. Enfin, Robert Estivals résume les forums sur la bibliomatique en ce sens que la corrélation entre « les nouvelles technologies et l'écrit (…) constitue l'une des principales préoccupations. Il intervient pour la première fois à Budapest en 1985, puis à Tunis en 1988. Indirectement à Alger en 1992, à Paris en 1995, à Rabat en 1997. Cette fois, on cherche à comprendre l'évolution en cours des conséquences des techniques et de leur évolution sur la production de l'écrit (5 colloques au total) »[17].

Le document numérique, le document électronique et le courriel : une stratégie épistolaire numérique[18]

Un document numérique est une forme de représentation de l'information consultable à l'écran d'un appareil lecteur électronique. L'affichage de ce type de document peut être apparenté soit au *document* même, ou soit à l'interface logicielle. À l'inverse du document sur papier, qu'il soit manuscrit ou imprimé, le

[15] Bob Bobutaka Bateko, *Archivistique, Bibliothéconomie, Documentation et Légistique : Disciplines de la Bibliologie*, L'Harmattan, 2015, p. 156.

[16] Marie-Claude Vettraino – Soulard, *Voyage en bibliomatique*, http://www.persee.fr/web/revues/home/prescript/article/colan_0336-1500_1986_num_67_1_1749, consulté le 25 juillet 2011 à 20h56.

[17] Robert Estivals, *Le Programme de publication de l'Association Internationale de Bibliologie: projet réalisation, propositions pour Internet*, http://www.webreview.dz/IMG/pdf/les_nouvelles_formes_de_la_communication_scientifique.pdf, consulté le 24 juin 2011 à 13h45.

[18] Bob BOBUTAKA Bateko, *Bibliologie entre Archivologie, Communicologie, Éditologie, Épistémologie, Informatologie et Médialogie*, Paris, Edilivre, 2018, pp. 237-238.

document numérique permet de séparer la présentation (les techniques de mise en page) de l'information (composition de texte, de données, etc.). Des documents multimédias (image fixe ou animée, vidéo, son, texte, etc.) sont autant des documents numériques.

Sa technique de production et de communication se résume en quatre grandes familles de logiciels : *les outils de traitement de texte, les tableurs, les logiciels du courrier électronique, les logiciels de gestion documentaire*.

Pour l'Association des professionnels de l'information et de la documentation (ADBS) en France, le document électronique peut être compris comme « un document (fichier de données et/ou de programmes) sur support électronique nécessitant un matériel pour être consulté. Il bénéficie de possibilités de l'informatique : reproductibilité (sur plusieurs écrans en même temps), modification selon le type de code, transmissibilité via les réseaux de communication. On distingue trois modes principaux de représentation de l'information de ces documents électroniques : mode caractère, mode image, mode vectoriel »[19].

Pour consolider la dimension numérique dans le domaine de la correspondance, nous estimons que l'intelligence émise de la phrase suivante : *le courriel est une stratégie épistolaire numérique*, il est question de mettre en évidence l'épistolaire dans le champ d'observation du courrier qu'il soit traditionnel ou électronique. En effet, le mot *épistolaire* dérive d'épitre[20] qui est synonyme de missive aujourd'hui remplacé par lettre au sens d'une correspondance ; celle-ci désigne une relation entre les personnes morales ou physiques par lettres. On doit aussi noter qu'en littérature, on utilise le genre épistolaire qui désigne globalement toute littérature composée de correspondances.

Dans la gestion de la mémoire institutionnelle, la dimension archivistique et archivologique se focalise principalement sur les correspondances reçues et expédiées. Cette stratégie émane de l'approche épistolaire archivistique ou archivologique.

Sur ce, s'agissant du courriel, il importe de souligner que l'une des fonctions d'une entreprise est la capacité de gérer des correspondances entrantes et sortantes par le biais du service dénommé *Bureau d'ordre*.

L'incidence des Technologies de l'Information et de la Communication a forgé, voire muté le courrier en courriel qui est la forme abrégée du *courrier électronique*.

---

[19] ADBS, *Document électronique*, http://dictionnaire.sensagent.leparisien.fr/document%20%C3%A9lectronique/fr-fr/, consulté le 03 octobre 2017 à 16h21.

[20] Le terme épître, issu du latin *epistula*, du grec *επιστολη* (*epistolê*), désigne une lettre (au sens de *correspondance*). Il a pris le sens aujourd'hui d'un court traité philosophique ou religieux exposé sous forme épistolaire. Le mot *épître* est un nom commun féminin. Le Nouveau Testament contient plusieurs épîtres.

Le courriel : un média interactif

Le média interactif consiste en une méthodologie de communication dans laquelle il y a une dépendance mutuelle entre les programmes entrant et extrant exploités par les utilisateurs. Il permet aux utilisateurs d'interagir. Les jeux vidéo et les sites web sont des illustrations par excellence des médias interactifs.

Le courrier électronique est noté parmi les Technologies de l'Information et de la Communication. De ce fait, « Pour Laramée et Vallée, les technologies de l'information et de la communication désignent principalement celles qui sont reliées à l'ordinateur ; les bases de données, le courrier électronique, la conférence assistée par ordinateur, le vidéotex, ainsi que le magnétoscope, les télévisions câblées interactives et le système de vidéodisque »[21].

À ce propos, nous avons créé une formule mathématique des Technologies de l'Information et de la Communication. TIC = TI + TC.

Ce type de média allonge la compréhension catégorielle des canaux d'informations avec le self- média, le mass-média, le social média ou les réseaux sociaux, le média alternatif, etc. L'une des caractéristiques des médias interactifs est de permettre aux agents de communication d'échanger presque, sinon, en temps réel.

Les réseaux sociaux sont appropriés et utilisés par les citoyens pendant que les mass-médias sont gérés principalement par les lobbies et les grandes entreprises. Et les self-medias sont l'affaire de l'Etat. Les réseaux sociaux sont les outils pour l'*open society*[22] et l'*open governance*[23].

Le courrier électronique est un média qui intervient activement dans une stratégie de communication pour les interactions *correpondentielles*

[21] Alain Laramee et Bernard Vallee, *La recherche de la communication, Eléments de méthodologie,* Presses universitaires, Québec, 2002, p.88.

[22] *La société ouverte est un concept développé initialement par le philosophe Henri Bergson, et ensuite par le philosophe Karl Popper. Dans les sociétés ouvertes, le gouvernement est censé être réactif et tolérant, et les mécanismes politiques seraient transparents et souples. Ses défenseurs prétendent qu'il est opposé à la société fermée. Dans la définition de Karl Popper, notamment dans La société ouverte et ses ennemis, il définit une « société ouverte » celle dans laquelle les dirigeants politiques peuvent être renversés sans qu'il y ait effusion de sang, par opposition à une « société fermée, »dans laquelle une révolution sanglante ou un coup d'Etat est nécessaire pour changer les dirigeants.*

[23] *Ouvrez la gouvernance est une forme de sécurité dans laquelle une entreprise s'engage entre partenaires et le public utilisateur pour protéger les actifs sous gestion. Il surgit dans l'environnement non réglementé des systèmes de paiement sur Internet. Pourtant, les techniques développées sont universellement applicables et, dans certains cas, ont décidé davantage, même lorsqu'il est appliqué à des secteurs réglementés ou de non-paiement. L'utilisation de ces techniques et la philosophie générale, de concert avec les techniques conventionnelles, peuvent réduire considérablement les risques internes et les coûts.*

presque en temps réel. Celui-ci s'opérationnalise dans la stratégie de la communication des organisations ou la communication des entreprises. Il se fait aussi bien pour l'approche interne que pour celle dite externe. La promptitude créée par les emails favorise d'interagir avec les correspondants se trouvant dans un positionnement d'éloignement aussi important.

Pour ce faire, l'email est un outil pour l'évaluation de la prise en charge de la méthode SWOT. En effet, dans la rubrique du livre intitulé : *Recherche en Archivistique : Essai de Bibliographie et d'Archivologie*, nous avons noté que « La méthode marketing SWOT est pour la Communication des Organisations. Sur ce, l'analyse ou matrice SWOT est une méthode ou démarche d'analyse stratégique de l'entreprise pouvant être utilisée dans le domaine du marketing pour une entreprise ou un produit »[24].

Pour plus de précisons, nous avons écrit que « La matrice SWOT qui est la forme contractée des mots anglais *Strengths*, *Weaknesses*, *Opportunities*, *Threats*, alors qu'en français, il est question d'analyse FFOM (Forces - Faiblesses - Opportunités - Menaces) ou AFOM (Atouts - Faiblesses - Opportunités - Menaces). Elle est un outil stratégique pour asseoir une stratégie de la communication des entreprises »[25].

Le courriel soutient à l'interne de l'organisme, les interactions susceptibles d'évaluer les forces et les faiblesses ; alors que les échanges du courrier en mode numérique, dans une approche externaliste, favorisent l'appréciation des performances de la structure managériale par rapport à ses faiblesses et opportunités faces à ses concurrents.

Contrairement au courrier traditionnel, le courrier électronique a le grand avantage d'être un média interactif et participatif. En fait, il peut permettre un échange presque en temps réel de plusieurs internautes connectés dans un réseau informatique. Les technologies de l'email ont favorisé l'émergence d'autres médias sociaux tels que facebook, twitter, Instagram, etc. qui ont eu un grand impact dans la révolution arabe, les émeutes de Londrès, entre autres. L'instantanéité de son message a permis aux interlocuteurs dans ces deux crises citées d'interagir en rendant, ainsi la communication dynamique et spontanée.

L'email assure aussi la fonction de tous les médias sociaux en utilisant des techniques de communication hautement accessibles pour faciliter les interactions sociales. Par ailleurs, il utilise l'intelligence collective dans un esprit de collaboration en ligne par le canal des moyens de communication sociale, des individus ou des groupes d'individus qui

24 Bob Bobutaka Bateko, *Recherche en Archivistique : Essai de Bibliographie et d'Archivologie*, Mauritius, Éditions Universitaires Européennes, 2019, p. 309.

25 Bob Bobutaka Bateko, *Science, Multimédia, Archives, Publicité et Journal Officiel*, Mauritius, Éditions Universitaires Européennes, 2019, p. 240.

collaborent entre eux en créant ensemble du contenu web. Ces entités communicantes organisent le contenu, l'indexent, le modifient ou font des commentaires, le combinent avec des créations personnelles.

Du point de vue de la conservation, le support documentaire électronique offre aussi bien des avantages pour la mémorisation et le stockage de l'information qu'il éprouve des difficultés pour assurer la conservation durable dans le temps.

L'email : la plateforme de la bibliomatique

L'email joue également la fonction supportologique dans la mesure où il constitue une plateforme de dissémination, voire de partage de l'information à travers toutes ses dimensions : *imagée, écrite, graphique,* etc. Il est l'un des canaux de la connectique informatique.

Dans le monde de plus en plus informatisé, l'administration voire la gouvernance se fait à travers l'écrit informatique. La bibliomatique a favorisé, notamment, le commerce électronique, le livre électronique, les archives virtuelles.

L'écrit et la communication de l'écrit informatisé ou électronique constituent de nos jours une réalité sociocybernétique qui régule notre psychosociologie de la lecture.

L'email est à la fois une plateforme de la bibliomatique et un média interactif. En effet, « Il assure aussi la fonction de tous les médias sociaux en utilisant des techniques de communication hautement accessibles pour faciliter les interactions sociales (…) »[26].

Le palimpseste et le renouvellement de l'écrit électronique

Le mot *Palimpseste* vient du latin palimpsestus. Ce dernier tire ses origines d'un mot grec signifiant *qu'on gratte pour écrire de nouveau.* « Le palimpseste, *gratté de nouveau*) est un manuscrit écrit sur un parchemin préalablement utilisé, et dont on a fait disparaitre les inscriptions pour y écrire de nouveau »[27].

Il est un parchemin qu'on utilisait pendant le Moyen-Age, surtout entre le VIIe et le XIIe siècle, par les moines copistes qui réutilisaient les anciens manuscrits pour y copier de nouveaux textes. Cette démarche se justifiait dans la mesure où le parchemin coûtait cher.

Concrètement, cette méthodologie de palimpseste consistait en un désencrage ou effacement des vieux manuscrits à l'aide de la pierre ponce pour y copier de nouveaux textes. A

[26] Bob Bobutaka Bateko, *Archivistique, Bibliothéconomie, Documentation et Légistique : Disciplines de la Bibliologie*, L'Harmattan, 2015, p. 156.

[27] Wikipédia, *Définition du palimpseste*, http://fr.wikipedia.org/wiki/Palimpseste, consulté le 30 juillet 2011 à 14h56.

cause de cette démarche, l'histoire nous renseigne que plusieurs écrits ont été irrémédiablement perdus.

Cette méthode moyenâgeuse a été activée de nos jours avec l'avènement de l'email. En effet, la feuille de l'email peut subir l'effacement des écrits ou porter des corrections dans l'écritique bibliomatique pour son renouvellement.

L'administration avec zéro papier

Si le credo de l'administration, *c'est le papier et le stylo*, de nos jours, on observe que la boîte mail se remplit alors que la boîte à lettres traditionnelle se vide. C'est normal, les administrations et les entreprises modernes se sont engagées depuis près d'une décennie dans l'échange et la conversion des données informatisées.

Du point de vue supportologique, le papier est le support le plus utilisé depuis le papyrus, le parchemin, etc. C'est une feuille mince servant à écrire, à imprimer, etc., qui est faite avec des chiffons ou diverses substances végétales transformées en pâte. C'est aussi une matière fabriquée à partir de fibres cellulosiques végétales. Il se présente comme un matériau de base dans les domaines de l'écriture, du dessin, de l'impression, de l'emballage et de la peinture, etc.

L'histoire du papier nous apprend que c'est pendant l'antiquité qu'il a vu le jour. Le papier porteur d'un message le plus ancien vient de la Chine et le plus connu à ce jour date du VIIIe siècle avant J.-C. « Le processus de fabrication du papier n'a pas changé depuis cette époque. Il se fait en deux étapes : la désintégration de la matière première dans l'eau afin d'obtenir des fibres individuelles suspendues, et la formation de feuilles feutrées lorsque cette suspension est disséminée sur une surface poreuse et adaptée, à travers laquelle l'eau peut s'égoutter »[28].

La révolution technétronique ou la révolution numérique veut supprimer la suprématie du papier en prônant le support électronique. Parmi les détracteurs du papier, il y a ceux qui soutiennent qu'il est à la base de la déforestation. En effet, le papier de toilette a un impact écologique important. A titre illustratif, plus de 270 000 arbres sont abattus chaque jour pour sa fabrication. Cependant, pour les défenseurs du papier, support physique, c'est le meilleur support documentaire pour la conservation et la lecture.

L'administration avec zéro papier est de plus en plus une réalité socioprofessionnelle.

Ceci s'explique notamment, à travers le fait que « Pour faire face à un volume de documents de plus en plus important, de nombreuses entreprises ont aujourd'hui recours à la

---

[28] Wikipédia, *Histoire du papier*, http://fr.wikipedia.org/wiki/Papier, consulté le 30 juillet 20h35.

numérisation et au classement électronique de leurs données papier. Les éditeurs de solutions de GED (Gestion Electronique des Documents) prévoient d'ores et déjà leurs besoins d'automatisation des procédures afin d'optimiser le classement, l'archivage, mais aussi l'intégration dans les applications métiers. Gain de temps, facilité et rationalisation des méthodes de travail suscitent l'intérêt des chefs d'entreprises »[29].

L'email étant un support fugitif, il se déroule comme le volume[30] antique. Par ailleurs, il y a lieu de noter que les contraintes lecturologiques de l'email se font selon l'approche du volume qui constitue en une lecture séquentielle des différents textes placés à la suite les uns des autres que celle du codex[31] qui est d'application avec les imprimés en permettant un accès direct, par feuilletage, aux pages placées en son milieu.

Enfin, le Québécois, Michel Roberge justifie les avantages de l'électronique en ce sens que dans une « (…) approche conventionnelle – une information conservée en très grande partie sur papier et une timide adjonction des nouveaux supports magnétiques, des microfilms, des vidéodisques, etc. – apparait souvent comme la seule alternative acceptable (…) que de temps perdu à manipuler des supports d'informations encombrants, à feuilleter des dossiers volumineux sans assurance d'obtenir toute l'information pertinente pour permettre une prise de décision éclairée »[32].

L'archivologie électronique

L'archivologie électronique s'appuie aussi sur la description, l'analyse et l'explication en rapport avec la dématérialisation. Cette dernière est une opération qui consiste à mettre en œuvre des moyens électroniques pour effectuer des opérations

---

[29] Christophe Laurence, *La dématérialisation : vers le 'zéro papier'* ?, http://www.clubic.com/actualite-177586-dematerialisation-zero-papier-tribune-christophe-laurence.html#ixzz1UY1WQsVU, consulté le 31 juillet 2011 à 15h30.

[30] Le volume est une bande de matière support d'une écriture – le plus souvent à base de papyrus – qui s'enroule naturellement. La longueur d'un rouleau peut être de quelques mètres tandis que sa largeur/hauteur est de 30 à 40 centimètres. Il a d'abord été vertical, le début est dans le rouleau supérieur, la fin dans le rouleau inférieur, le texte étant écrit et se déroulant en une suite continue. Ensuite, il s'est déroulé horizontalement, en tenant la partie du rouleau qui correspond au début du texte dans la main gauche, la fin dans la main droite, le texte écrit par blocs se suivant à l'horizontale. La source quasi unique de roseau produisant le papyrus étant la vallée du Nil, elle s'est tarie pour l'Europe à l'invasion des Arabes au VIIIème siècle, après une trentaine de siècles d'usage du volumen.

[31] Un codex (bloc de bois ou livre en latin), est aussi une méthode qui consiste à lire un manuscrit ou un imprimé en accédant directement à n'importe quelle partie du texte, cette invention romaine a remplacé le rouleau de parchemin.

[32] Michel Roberge, *La gestion des documents administratifs*, coll. Accès à l'information administrative, Québec, La Pocatière, 1983, p.215.

de traitement, d'échange et de stockage d'informations sans support papier. La dématérialisation est la substitution de documents aux procédures réels par des documents aux procédures numériques.

A priori, elle n'a aucun effet sur le contenu de ces informations qui restent ce qu'elles sont indépendamment de la forme que prend leur support.

Sous l'impulsion des travaux de Robert Estivals sur la scientificité de l'écrit et de la communication écrite, et avec la contribution d'Erik Ketelaar, nous nous efforçons de consolider l'archivologie : la science des archives en opposition avec l'archivistique : la technique de gestion des archives.

Dans les perspectives de théorisation, l'archivologie électronique s'intéresse à la rationalisation des archives électroniques qui nécessitent des procédés intermédiaires d'acquisition, de traitement, de diffusion, de lecture, etc. conditionnés par un appareillage approprié.

La bibliologie est un champ épistémologique et gnoséologique vaste et complexe. Dans un monde défini par l'émergence et le développement des technologies de l'information et de la communication, le courrier électronique fait l'objet d'études en sciences de l'information et de la communication. Le colloque Franco–Bulgare de 1985 ainsi que d'autres forums de réflexion et les différentes contributions sur la bibliomatique doivent être une tribune pour éveiller l'attention des bibliologues, voire des bibliomanciens, pour les amener à théoriser sur l'écrit et la communication relatifs à la technétronie.

Si l'objet de la bibliomatique demeure l'écrit informatisé et la communication écrite informatisée, avec les réseaux sociaux et les médias sociaux, il y a lieu d'étendre ce quid à l'email. Ce phénomène est d'actualité de nos jours avec les différentes révolutions et manifestations à travers la planète où les manifestants utilisent l'écrit informatisé et les interactions écrites pour la mobilisation.

La numérisation, un atout pour la mémorisation et un obstacle pour la conservation[33]

Les documents nés électroniques et les documents numérisés sont importants pour la mémorisation d'autant plus qu'ils favorisent une *partageabilité* efficace et un stockage des informations efficient pour la bonne marche des activités managériales. Entre-temps, ces documents, de par leur caractère virtuel, n'assurent pas une longévité en termes de durabilité de conservation.

---

[33] Bob Bobutaka Bateko, *numérique, Bibliomatique, Révolution technétronique et Technométrie : Essai d'épistémologie,* archivistebatekop.canalblog.com/archives/2020/12/03/38686121.htm, consulté le 14/01/2021 à 19h 57.

Le transfert du document papier en document électronique permet: (1) de le rendre immédiatement consultable auprès de tous les membres d'une organisation et d'une clientèle; (2) de le rendre indexable, ce qui permet d'effectuer des recherches à partir de mots clés ; (3) de le modifier à volonté, le mettre à jour, le scinder, le fusionner avec d'autres documents ; (4) de le conserver de façon sécuritaire en tant qu'archives électroniques (sauvegarde électronique) ; et (5) d'éliminer des coûts de stockage, d'impression et de distribution.

En d'autres termes, on peut noter qu'un avantage de la numérisation de documents, c'est qu'il peut autoriser d'importants volumes d'informations à stocker dans une petite zone. Physiquement le dépôt, le repérage et la récupération de documents papier prennent une quantité considérable de temps et d'efforts nécessitant des classeurs qui peuvent prendre des pièces entières dédiées au stockage. Alors qu'un seul disque dur peut stocker l'équivalent de centaines de classeurs des documents physiques comme des images numériques.

Un autre atout majeur de la numérisation de documents, c'est qu'il favorise l'envoi d'informations à d'autres personnes rapidement et facilement. Un document numérisé peut être envoyé à un grand nombre de récepteurs à travers le monde presque instantanément en pièce jointe, tandis que les documents physiques peuvent prendre des jours ou des semaines pour leur expédition par courrier standard et les systèmes de colis qui peuvent être très onéreux.

En termes d'inconvénients, on peut noter entre autres que la numérisation présente un réel danger pour les documents fragiles, qui peuvent être facilement endommagés dans le processus de manutention et l'aplatissement sur des surfaces de verre de scanner. Le scan peut également endommager les pièces fragiles qui les exposent à une lumière intense ; celui-ci est connu pour être nocif pour le support papier.

Selon le Trust Management International Records : la meilleure action consiste à faire une copie originale du document original et utiliser cette copie pour faire des copies supplémentaires, au lieu de copier l'original à plusieurs reprises.

Par ailleurs, beaucoup de scanners peuvent causer des dommages irréparables aux épines de volumes reliés, comme la plupart des volumes reliés ne peuvent être installés sans dommages. Certains scanners modernes permettent de numériser des volumes reliés en mesure de faire face et de compenser la page courbure, mais ces scanners sont encore rares et coûteux.

Afin de minimiser cette pratique destructive de la conservation durable des documents, les Archives nationales des États-Unis d'Amérique ont émis une interdiction totale de la numérisation de volumes reliés.

En somme, nous affirmons que les technologies de l'information et de la communication sont des outils importants pour les contemporains avec une capacité extraordinaire de stockage et de transmission ou partagent des informations. Néanmoins, elles sont un obstacle majeur pour la gestion de la mémoire dans le temps (la conservation durable) pour la postérité.

L'email est un document technétronique ou une trace numérique ou encore un support d'information électronique.

Le courriel dans la nouvelle définition des archives

La science s'enrichit aussi au travers de sa dimension terminologique en élargissant son cadre conceptuel. Une définition est, par essence, une opération par laquelle on détermine le contenu d'un concept en énumérant ses caractères. La formulation d'une nouvelle définition du concept *archives* est une stratégie épistémologique pour le développement et la survie de la science des archives dénommée archivologie.

A ce stade, il sied de clarifier que si l'archivologie est un contexte scientifique ayant sa justification épistémologique ; l'archivistique, quant à elle, est un contexte d'orthodoxie d'opérations de gestion des archives.

Il y a plus d'une dizaine de définitions sur les archives que nous avons apprises aussi bien comme étudiant et maintenant chercheur et pédagogue dans ce domaine de la mémoirologie.

Cette nouvelle définition, nous l'avons ainsi libellée : « Les archives sont les informations cristallisées émanant des activités de toute personne morale ou physique dans une approche de matérialité, de dématérialisation et d'immatérialité ainsi constituées, traitées, conservées et communiquées à des fins de la gestion, de l'identité et de la connaissance de celle-ci »[34].

Dans cette nouvelle approche, les archives sont plus situées dans ses dimensions supportologiques en mettant l'accent sur les caractéristiques matérielles avec la *matérialité*, la *dématérialisation* et l'*immatérialité*.

Par la matérialité, nous entendons la capacité de rendre matériels les documents d'archives ; ils sont donc de la nature de la matière, sinon constitués par la matière. La dématérialisation, quant à elle, est l'action de rendre immatériel ou le fait de devenir immatériel ; ici, les archives ont dans ses considérations relatives à la suppression de ses supports matériels. Enfin, l'immatérialité est la qualité et l'état de ce qui est immatériel ; en guise d'illustration, on peut citer l'immatérialité de l'âme.

[34] Bob Bobutaka Bateko, *La France, la Belgique et les deux Congo : mémoire historique, approche archivologique et communication politique*, Paris, Edilivre, 2017, p. 14.

L'immatériel n'est pas formé de matière, ou ne concerne pas les sens. Dans cette approche, les archives sont vues dans un contexte, notamment de l'oralité.

Dans le cadre du numérique, cette nouvelle définition table sur la dématérialisation qui est la substitution ou le remplacement dans une entreprise ou une organisation de ses supports d'informations matériels par des fichiers informatiques et des ordinateurs.

Donc, cet apport définitionnel des archives met en relief les considérations électroniques ou technétroniques de celles-ci. C'est ainsi que le courriel se justifie valablement dans cette essence compréhensive du concept archives.

Conclusion

Le courriel est un moyen de communication du premier plan dans un contexte où la société est de plus en plus numérisée. De ce fait, il participe à l'opérationnalisation de la méthode SWOT en agissant sur l'internalité et l'externalité d'une stratégie de communication au sein d'une structure managériale.

Le courrier électronique exprime l'épistolaire numérique en donnant création ainsi de l'archivologie électronique. Avec cette nouvelle définition du concept archives, la dimension numérique est prise en compte. Sur ce, entre la révolution technétronique et la révolution numérique, au-delà des considérations de positionnement, la quintessence de ces deux modifications sociales mise sur d'une part l'électronique en désignant des objets en rapport avec les électrons, un des composants de l'atome, fondamental pour l'électromagnétisme, est davantage dans l'explication physique. Alors que, d'autre part, le numérique l'est dans l'appropriation de l'informatique. Enfin, l'email est à la fois un contenu numérique et un contenant numérique. Il s'active grâce à l'information numérique, à la communication numérique et au média numérique.

Cyberespace : Oligarchie ou démocratie ?

Sosthène Mova Kawen

Le cyberespace est défini comme le lieu immatériel sur lequel s'effectuent des échanges d'informations, de données. Cet espace est souvent réduit à Internet. Bien qu'il soit difficile de déterminer les frontières entre l'Internet et le cyberespace, ce dernier dispose de caractérisques propres. Le cyberespace n'a pas de frontières physiques. Il n'est soumis à aucun Etat en particulier. Pour les besoins de cet article, nous retiendrons la définition suivante : c'est l'espace de communication créé par l'interconnexion mondiale des ordinateurs (internet) ; en face, milieu dans lequel naviguent les internautes. Cet espace est réglementé par diverses entreprises technologiques. C'est un contrôle de fait. Particulièrement, avec les réseaux sociaux ce qui ressemble plutôt à une démocratie c'est le côté d'abord la multitude c'est que la plupart des entreprises qui œuvrent dans le cyberespace.

FAANG ou les shérifs du Net

Surtout, les fameux FAANG[1] (Facebook Apple Amazon Netflix et Google)[2] qui sont les grandes entreprises technologiques qui ont développé des aspects de récolte d'informations, de personnalisation des services et avec les moyens d'intrusion de plus en plus poussée dans la vie des utilisateurs. En guise d'exemple, Netflix par rapport au choix de séries, de documentaires ou de programmes qu'il propose, l'algorithme peut

[1] L'acronyme fait parfois état de Microsoft (FAGM).

[2] Egalement appelés les GAFA, GAFAM, Big Tech, FAGM.

personnaliser de manière pointue, le type de programme que l'utilisateur ou le consommateur va pouvoir regarder.

Une autre caractéristique importante est que tous ces services disposent d'algorithmes puissants, capables de déterminer de manière quasi parfaite les préférences ou les choix des utilisateurs. Lorsque l'on parle d'algorithme, il est normal de penser aux services Google, en particulier YouTube. Ce dernier dispose d'un algorithme aussi réputé que ceux de Facebook ou Instagram. L'exemple notable est Netflix. Plus l'utilisateur regarde un type de programme plutôt qu'un autre, l'algorithme orientera les choix de l'utilisateur en lui proposant des programmes qui comportent des éléments identiques. L'algorithme proposera de plus en plus de séries dans certains pays dont la personnalisation est devenue la norme. Mais les FAANG vont beaucoup plus loin ; leurs armes, leurs algorithmes sont beaucoup plus travaillés, plus perfectionnés. Google est le maître en la matière. Tout le monde fait des recherches sur Google en permanence. Ce qui fait de Google et YouTube, les deux moteurs de recherche les plus utilisés sur internet.

Cependant, Facebook, Instagram (détenu par Facebook) n'est pas en reste. Facebook est le site de prédilection des Américains de moins de 35 ans. Bien que le titre de réseau social favorisé par les plus jeunes soit décerné à Tik Tok. Leur engouement pour Tik Tok manifeste la prépondérance des réseaux sociaux « visuels » sur la société moderne. Désormais, les publications requérant le moins de texte possible sont les plus prisées. Pour les personnes nées après 2005, internet et les réseaux sociaux ont toujours fait partie de leur vie.

Le business de l'attention

Google est le maître la matière de la récolte d'informations, et d' d'utilisation de ces informations dans un but lucratif. Google vend les informations qu'il récolte sur ses utilisateurs, sous forme de publicité, à des annonceurs leur permettant ainsi de savoir exactement quelle publicité proposer à quel type d'utilisateur.

Google offre également de l'espace publicitaire sur YouTube. Lorsqu'un utilisateur fait une recherche sur Google, des produits liés à sa recherche sont affichés sur YouTube. Certains prétendent même que le service essentiel de Google serait la vente de l'attention de l'utilisateur ; c'est-à-dire vendre aux annonceurs les besoins des utilisateurs.

Si on continue donc, après avoir fait sa recherche sur Google, sur YouTube la publicité qu'on peut voir soit en une petite barre soit dans un spot d'au moins 5 secondes maintenant est orientée par la recherche qu'on a faite précédemment sur Google.

Google propose ausside nombreux services dont les recherches des mails, les photos et toute sorte d'applications qui permettent de capter le plus d'informations possibles. Le moteur de Google connaît ses utilisateurs : ses actions, ses aversions, ses préférences, ses habitudes.

Par exemple, les propositions que l'on a sur YouTube après avoir regardé 2-3 vidéos, correspondent toujours au même thème. Ces propositions sont l'œuvre des algorithmes, capables de raffiner les propositions. L'activité d'un utilisateur sur Facebook est, aussi, basée sur l'idée de publication des moments de sa vie. Au moyen de photos, de vidéos, de messages.

Les réseaux sociaux connaissent les liens qu'on entretient avec telle ou telle personne. Ainsi, Facebook est capable de savoir avec qui on passe du temps avec qui on passe moins de temps avec qui l'on devrait passer plus de temps. Par exemple, Facebook a tendance à rappeler les anniversaires, voir vous proposer des nouveaux ami.

Facebook connaît nos habitudes, nos goûts. et peut donc proposer des idées de groupes et maintenant de salons. Aujourd'hui, il existe même, sur la plateforme, un lieu de vente entre particuliers : Facebook Marketplace. Ce qui rappelle quelque peu eBay. Comme ce dernier, il s'agit de permettre aux particuliers d'entrer en contact en postant une annonce de vente de produits ou de services. Un autre particulier peut la voir et selon qu'on a choisi telle ou telle annonce Facebook va en proposer d'autres similaires.

Sur ces réseaux, l'idée maîtresse est la récolte d'informations exploitables. Elle peut prendre la forme d'une vente directe des informations récoltées. Mais le plus souvent, il s'agit d'une personnalisation des choix à l'utilisateur. C'est ce qui s'apparente au business de l'attention. Le but est de garder l'utilisateur le plus longtemps possible sur la plateforme pour lui proposer soit de la publicité soit des services mêmes de la marque. Ayant déjà l'attention de l'internaute, il suffit aux réseaux sociaux de la garder. Les marques ont bien compris l'enjeu économique que représente le business de l'attention. Elles ont également compris qu'il est crucial d'attirer directement cette attention tant convoitée. Elles mettent tout en œuvre pour plaire aux utilisateurs. Les marques, par exemple, ont tendance à peaufiner leurs stratégies marketing en créant des pages aux couleurs et designs chatoyants. Les réseaux sociaux récompensent de telles pages en favorisant leurs annonces. Grâce à ces pages, les utilisateurs restent plus longtemps sur la plateforme. L'autre aspect oligarchique, c'est celui évidemment de la censure.

Il fallait trouver des moyens pour repérer les fausses informations, mais aussi de proposer les bonnes informations aux utilisateurs. Ce fut l'un des chevaux de bataille des réseaux sociaux pendant les confinements de 2020. Le but était de combattre la désinformation sur le virus. Ensuite, il y a eu une sorte d'escalade. Parce que de plus en plus maintenant Twitter a tendance a vérifié et comme ils disent « fact check » systématiquement les tweets qui leur semble faux ou propagateurs d'information plutôt mensongère. Il est désormais important de déterminer quel a été le rôle des FAANG dans la propagation, mais aussi la rapidité de diffusion des informations.

Twitter a bloqué un compte d'un journal réputé[3] parce qu'il estimait que les informations avaient été obtenues par hacking donc par manœuvres douteuses ou l'obtention illicite d'information.

Ce qui soulève quand même quelques questions, jusqu'où peuvent aller les réseaux sociaux ? Qui leur donne le pouvoir et la possibilité de contrôler l'information ? Quel est le rôle des réseaux sociaux dans la détermination de la vérité et de la justice ? Il y a quelques mois, un débat en France sur les modérateurs Facebook a révélé quel était leur rôle, quelles étaient leurs conditions de travail, ce à quoi ils devaient faire face. A l'heure actuelle, les réseaux sociaux ne sont plus simplement des outils de publication d'information, mais aussi ce sont des outils de contrôle et parfois même de censure de l'information et la question est de savoir si cela est légal ou constitutionnel. Est-ce acceptable pour les utilisateurs de voir leurs informations contrôler de cette manière, sur un réseau qui l'ont choisi, mais qui malheureusement fait un usage de leurs informations ou des informations sur la plateforme d'une manière qu'ils n'ont pas choisie.

En janvier 2021, les FAANG se sont illustrés d'une manière plus étonnante. À la suite de l'invasion du Capitol de Washington (Parlement fédéral), le 6 janvier 2021, Twitter, Facebook, puis de nombreuses plateformes ont banni les comptes de l'ancien Président américain, Donald Trump. Le pouvoir de censure des FAANG s'est étendu au point que personne n'a pu réagir face à cette exclusion. Lors de la création de ces plateformes, il aurait été impossible d'imaginer ce qui arriverait quelques années plus tard. D'aucuns se demandent ce qu'il reste de la liberté d'expression. Comment faire face à un groupe d'entreprises privées qui s'arrogent le droit de contrôler et désormais de censurer les discours qu'ils estiment dangereux ? Il paraît nécessaire de revoir les législations de ces entreprises, car le monde pourrait bien être sur une pente glissante.

Qu'a-t-on le droit de voir ou de ne pas voir sur internet ? Qui décide de ce qu'on peut voir ou ne pas voir ? Quelle est la portée des conditions générales auxquelles les utilisateurs souscrivent en créant un compte sur un réseau en ligne ? En effet, il y a toujours des conditions générales qui s'appliquent à une forme de contrat expliquant plus ou moins clairement la nature de l'engagement de l'utilisateur. C'est le contenu qui sera susceptible d'être publié ou pas. La question actuelle est de déterminer si la sélection relève du contrat premier ou de l'une extension du pouvoir discrétionnaire des plateformes. Est-il

[3] Le New York Post.

possible pour une plateforme comme Facebook de réduire la portée d'une publication, voire de la censurer ?

La volonté de censurer le contenu produit par les utilisateurs est née de l'observation de dérives. Les modérateurs des réseaux sociaux sont confrontés à des images, des propos discriminatoires, illégaux et indécents. En France, de nombreuses personnes se sont élevées pour dénoncer les conditions de travail des modérateurs de Facebook, par exemple. Le cyberespace étant un lieu que le droit ne peut réglementer, il est difficile d'établir des règles applicables à l'ensemble des internautes. Par exemple, les images de tortures et d'exécutions de groupes terroristes se propagent trop rapidement pour être supprimées de la toile en temps utile.

De plus, les réseaux sociaux sont devenus les nouvelles arènes du XXIème siècle. En effet, ce sont des lieux de règlements de compte entre individus et groupes. Mais également, les lieux sur lesquels le harcèlement, le lynchage et les humiliations se multiplient. Selon le psychanalyste Frédéric Tordo, ce sont les différentes formes d'anticipation virtuelle du Moi[4], à savoir l'anticipation fondamentale, l'anticipation cognitive et l'anticipation fantasmatique. Sur les réseaux sociaux, la forme la plus prenante paraît être « l'anticipation fantasmatique » qui trouve son terrain d'élection privilégié dans le numérique, puisque les actualisations anticipées y sont davantage réalisables - le sujet peut s'essayer à tout, mais aussi largement réversibles s'essayer à tout n'est pas risqué. Autrement dit, le numérique a le pouvoir de faire advenir devant les yeux, et au registre du virtuel psychique, une anticipation peu ou pas réalisable, mais qui devient réalisable dans les mondes numériques [5]

Sur le Net, chacun peut être celui qu'il veut être ou celui qu'il a toujours rêvé de devenir. Et, ce sans conséquences dans le réel. Internet crée un monde abstrait, sur lequel peu de règles s'appliquent. Il permet de lâcher la bride à toute sorte d'envies ou de pulsions ; aussi illégales ou immorales soient-elles. Sur internet, les insultes, les menaces et autres paroles peu acceptables fusent. Dans le souci de protéger la liberté d'expression des internautes, le droit s'est rarement mêlé des échanges sur internet. La censure ou le contrôle des propos tenus sur les sites internet relevaient des hébergeurs desdits sites. Ils devaient déterminer quels étaient les commentaires qu'ils ne pourraient pas admettre sur leurs plateformes. Ce qui était, alors, une pratique sporadique est devenue systématique. Désormais, certains hébergeurs deviennent des contrôleurs et des

[4] Le « Moi » en psychanalyse est une des trois entités qui forment le psychisme de l'individu. Le Moi joue le rôle de médiateur entre le « ça » (porteur des pulsions et des instincts) et le « Surmoi » (porteur des normes et des lois intériorisées).

[5] Tordo, F., « Le travail de virtualisation psychique : du double virtuel au double numérique », Le Journal des psychologues, 2015/9, n° 331, pp. 48.

censeurs de commentaires, quelle que soit la législation en vigueur. Ils interprètent les règles et vont souvent plus loin que ce que la loi nationale prévoit. Le droit est en retard par rapport aux nouvelles technologies. C'est lorsque celles-ci affectent négativement la vie, le bien-être, les droits et libertés des utilisateurs que le droit positif s'arme de règles. De plus, quel droit peut s'appliquer dans le cyberespace ? Le droit français ? Allemand ? Vietnamien ? Camerounais ? Par son étendue et sa nature, le cyberespace ne permet pas d'être contenu dans un ordre juridique national. Comme l'Univers, il ne peut faire l'objet de réglementation internationale efficace. Les États sont les seuls à pouvoir définir quelles informations ne seront pas admises dans la partie du cyberespace qu'ils détiennent. À savoir, les appareils des utilisateurs établis sur leur sol.

Il est difficile de remédier aux cyberarnaques, pour différentes raisons : le degré de sophistication des arnaques, les escrocs deviennent plus malins[6], l'absence de règles harmonisées, la difficulté de tracer et de retrouver l'escroc, etc. Pour le FBI (Federal Bureau of Investigation), il est vital de porter plainte. Il rapporte que les sommes d'argent volées ont pu être récupérées dans certains cas. Pour le FBI, la prévention demeure le moyen le plus efficace. Il existe différents types d'escroquerie sur le Net. Ils sont généralement regroupés en 3 catégories : le vol d'identité, les arnaques monétaires et les arnaques liées aux achats.

Selon un rapport de l'Union européenne, 56 % [7] des citoyens européens ont été victimes d'au moins un type de cyberarnaques. La forme d'arnaque la plus répandue est celle qui conduit au vol des ressources économiques de l'utilisateur[8]. Le FBI[9] a publié un rapport des arnaques en ligne pour l'année 2019. Selon ce dernier, plus de 30 000 plaintes auraient été enregistrées dans l'Etat de Californie, plus de 20 000 dans les États du Texas, de New York, de la Floride et plus de 10 000 plaintes dans les États du Wyoming, du Colorado, de l'Arizona. Les pertes se comptent en milliards de dollars. Le FBI les évalue à 3,5 milliards.

Les arnaques en ligne ont également un impact dans la sphère des États. L'économie de différents pays est mise en danger par l'existence et la propagation des cyberarnaques. Les escroqueries se juchent dans tous les recoins du Net. Que ce soit sur les sites marchands, les agences de voyages, les sites de location, mais également les sites d'annonces en tous genres. Bien que le problème prenne de plus en plus d'ampleur, les autorités nationales et internationales

[6] Rapport du FBI de 2019. Disponible sur internet : https://www.fbi.gov/news/stories/2019-internet-crime-report-released-021120

[7] Rapport de la Commission Européenne, p. 9 *et* s.

[8] *Ibidem*, p.11.

[9] L'intégralité du rapport est disponible en ligne : https://pdf.ic3.gov/2019_IC3Report.pdf

demeurent incapables de remédier convenablement à ces arnaques. Les conséquences de ces arnaques sont essentiellement économiques. La victime de l'arnaque perd une somme d'argent. Selon Commission Européenne, la somme volée est en moyenne de 500 €. Peu de victimes[10] d'arnaques en ligne portent plainte. Celles qui le font se tournent vers les banques, les polices, les organismes de crédit. Selon Emisoft, les victimes les plus fréquentes sont les personnes âgées. Ils justifient cette affirmation de la manière suivante : ce dilemme naît souvent d'un manque de communication. Les générations les plus âgées peuvent avoir du mal à partager leurs problèmes potentiels ou à poser certaines questions, De même, leurs enfants, petits-enfants, neveux et nièces peuvent ne pas vouloir les blesser en leur demandant s'ils ont besoin d'aide pour repérer des arnaques.[11] . Les personnes âgées sont les victimes d'escroquerie telles que l'arnaque aux sentiments, fausses pharmacies en ligne, des arnaques à l'investissement.

Apparu avec la démocratisation d'internet et des modes de communication qu'il offre, le phénomène des brouteurs est répandu. Il s'agit pour une personne d'entrer en contact souvent par la séduction de convaincre une autre de lui envoyer des sommes de plus en plus importantes. Certains pays africains se distinguent par l'existence d'un véritable réseau de brouteurs. Par exemple, le Nigéria, la Côte d'Ivoire et le Sénégal. Les prétextes sont généralement liés à la situation économique et familiale du brouteur. Ils prétextent une maladie, un vol ou une perte de rémunération. Les brouteurs font souvent partie d'un réseau, parfois mondial, d'arnaqueurs. Il est quasiment impossible de sanctionner les auteurs des telles manœuvres. La victime doit faire face à la perte d'une somme d'argent, de son temps et d'une certaine honte. Cependant, les brouteurs sont perçus dans leur pays d'origine comme des célébrités. Leur activité est une aspiration pour de nombreux jeunes qui voudraient, un jour, devenir comme eux[12].

Démocratie numérique

En général, la démocratie se manifeste dans le rejet par les utilisateurs du contrôle et de la censure, mais aussi du monopole que les plateformes ou les réseaux sociaux peuvent avoir. Par exemple en utilisant des services alternatifs comme Duck Duck Go, Brave. C'est une manière pour les utilisateurs de s'affirmer

[10] *Ibidem*, p. 34.

[11] Rajewski, Fr., « Top 10 des arnaques aux personnes âgées qui affectent toute la famille », Emisoft blog, 6 juillet 2015. Disponible sur internet : https://blog.emsisoft.com/fr/17537/top-10-des-arnaques-aux-personnes-agees-qui-affectent-toute-la-famille/

[12] Fachaux, L., « Qui sont les brouteurs ? », AbidjanPlus, 27 mars 2019. Disponible sur internet : https://www.abidjanplus.com/societe/qui-sont-les-brouteurs

contre Google et les autres, ou de choisir des réseaux alternatifs comme Rumble, Odysee, Minds, Signal, Telegram. Aux yeux des utilisateurs, ces réseaux sociaux leur permettent d'avoir une discussion beaucoup plus libre ou du moins une parole plus libérée que celle qu'on a sur Twitter. Mais il y existe également un aspect de revendication collective par exemple avec les mouvements qui ont permis à de nombreuses personnes, en particulier des femmes de pouvoir enfin de libérer leur parole et de s'exprimer sur différents abus qu'elles ont subis. Il y a aussi tout l'engouement des mouvements sociaux, Black Lives Matter et tous les mouvements antiracistes, les mouvements contre les violences policières, etc. Notre propos n'est en aucun cas une contestation desdits mouvements. Mais simplement, un questionnement sur l'éventualité d'une récupération de ces mouvements par des personnes voulant nuire à d'autres. Et, par-là, entacherait la cause louable que portent ces mouvements. C'est cette possibilité pour les utilisateurs en tant que collectivité de revendiquer leur pouvoir et de publier, propager des informations, et ainsi, faire passer un message parfois relayée par les marques. Par exemple BLM, les individus ont posté ce qu'ils avaient à poster. Les marques ont repris ce message dans un élan d'engagement social. Ce qui a permis de créer une sorte de bloc et de cohésion autour de certaines questions importantes. Comme l'entente raciale et plus particulièrement, le racisme aux États-Unis ou les violences policières.

De temps en temps, les réseaux sociaux accaparent la parole et décident de ce qui peut être mis en avant ou pas et orientent les conversations et les messages sur leurs plateformes. Parfois, le peuple soit se rebelle et décide qu'il y a un message important à faire passer. Il se positionne en contre-pouvoir. Par exemple, Balance ton porc, qu'est-ce qui relève du droit à raconter son histoire personnelle et qu'est-ce qui, au contraire, relève des accusations qui peuvent être parfois diffamatoires ? Comment différencier les deux ? Qui décide de la véracité de l'information ? Peut-on mettre en doute la parole d'une femme, de toute personne qui prétend avoir subi un abus ? Qu'est-ce qui relève de la diffamation dans ce qu'on publie sur internet ? C'est une autre des raisons qui fait d'internet, un Far West numérique. Les règles changent beaucoup trop rapidement pour être comprises de tous. Ce qui était admissible, il y a une dizaine d'années, ne l'est certainement plus de nos jours. Les standards de la bienséance, du vivre ensemble et de communication interpersonnelle ont connu de profondes transformations. Sans regret pour le passé, que nous prépare l'avenir ? C'est la société numérique ou l'univers digital qui, conduit par différents groupes, sanctionne ce qui lui paraît intolérable.

Le cyberespace n'est, en réalité, qu'un nouveau lieu d'expression et d'échange entre les individus. L'Etat y a une faible prise. Cependant, les violations de droit sont souvent réparées, mais toujours, a posteriori. En effet, il est difficile de prévoir quelles seront les innovations sur internet. Ainsi que les infractions qui accompagneront ces innovations. Par exemple, le phénomène des brouteurs, explicité supra. La maîtrise des outils informatiques a ouvert à certains Africains, en général, de nouveaux horizons pour duper des internautes. Leur savoir-faire est utilisé à des fins criminelles : vol d'informations privées, bancaires, infiltration illégale dans les systèmes numériques, manipulation et abus de faiblesse, chantage. Personne ne sait, avec certitude, quelles règles s'appliquent et c'est finalement la loi du plus fort. Soit parce qu'il est fort en nombre. Soit parce qu'il a les clés en main, c'est-à-dire les maîtres du jeu, ceux qui connaissent l'algorithme, ou le programmes et l'oriente à leur guise. Selon donc la nature de celui qui s'exprime, le cyberespace peut être une oligarchie ou une démocratie.

Approche ethnographique des usages du téléphone portable en RD Congo. Le cas des journalistes[1]

Guillaume Kingh-Farel

A l'ère de l'information globale[1] à travers les *TIC* et la Communication numérique avec ses variantes telles que la digitalisation, les techniques de numérisation, de diffusion et de connexion à l'Internet ; ces moyens ont changé la manière d'être, de vivre et de connaître dans le contexte de la société de l'information[2]. En effet, « le numérique a provoqué tout à la fois, une accélération, une simplification et une banalisation de la collecte, du transfert et du traitement des données »[3].

De plus, « Le numérique a le don de l'ubiquité ».[4] En clair, il a affranchi les objets culturels des contraintes de l'existence physique, en leur permettant d'être répliqués à l'identique et à l'infini, sans restriction de temps ni de lieu ».[5] Avec l'expérience grandissante des objets connectés[6], certains voient une nouvelle révolution. Au-delà de la simple

[1] Cet article est un extrait de l'étude présentée par l'auteur dans le cadre de son *DEA : Communication numérique dans le paysage médiatique congolais. Une étude ethnographique des usages du téléphone portable par les journalistes congolais, IFASIC : Kinshasa, Juillet 2019.*

[1] Ramonet I., *La tyrannie de la communication*, Paris, Ed. Galilée, 1999.

[2]Salgues, B., *Premier bilan et impasses procédurales du SMSI, vers de nouvelles pistes d'usage des TIC*, Bruxelles, Coll. Médias, Sociétés et Relations internationales, 2007, pp. 43-58.

[3]Feral-Schuhl, C., *Cyber droit, le droit à l'épreuve de l'Internet*, Paris, 6è Ed., Dalloz, 2011-2012, p. 34.

[4] Falque-Pierrotini., Pdte. de la CNIL, *L'éducation au numérique, un défi majeur que nous devrons relever tous ensemble*, Paris, CCE, n°3, Entretien, 2014, p.7.

[5] Dallem., *Réflexions sur l'éducation des internautes au respect du droit d'auteur*, Paris, *In* E. Netter et A. Chaigneau, C. Castets-Renard, J. Cattan et al, Les biens numériques, Ceprisca, Coll. Colloques, diffusion PUF, Amiens, 2014, p. 87.

[6]Pietteth-Coudol, *Les objets connectés*, *Op.cit.*, pp. 1-190, Spéc. p. 1.

révolution numérique[7], le monde entier traverse l'ère du tout connecté[8]. Dans cette perspective, la communication numérique a l'avantage tout simplement d'envoyer et de recevoir des informations, grâce à des technologies électriques et électroniques, telles que les ordinateurs, les téléphones et les panneaux d'affichage numériques[9].

Nous assistons ainsi à une explosion tous azimuts des Technologies de l'Information et de la Communication, plus particulièrement du téléphone portable. Une explosion qui s'accompagne des nouveaux usages et pratiques de communication et de diffusion de l'information, selon les catégories socioprofessionnelles.

Ces pratiques ont connu de nombreux bouleversements ces dernières années en raison du développement de nouveaux outils technologiques, qui ne cessent de susciter auprès des journalistes, mieux des professionnels des médias un intérêt de plus en plus croisant et primordial dans la production et la diffusion de l'information dans le secteur des médias[10].

Avec l'émergence du téléphone portable ou du *Smartphone*, nous assistons aujourd'hui à une prolifération des fonctions et des facilités assignées par ce dispositif technique ; approuvant le maintien du lien permanent à l'autre, l'accès à une infinité d'informations et de données, la distraction, le divertissement et la gestion des tâches et des activités du journaliste au quotidien. Et ceci est rendu possible grâce à l'Internet. L'accès à l'Internet a facilité le développement de nouveaux usages, mais, aussi de nouveaux outils de mesure d'efficacité tels que le studio numérique et banc de montage complet qui permettent aux reporters de travailler en mobilité avec des outils légers. Sur le cas sous examen, le téléphone portable permet aussi d'immortaliser des souvenirs et d'entretenir les relations sociales[11]. De ce fait, il est devenu un outil incontournable dans la réalisation du travail du journaliste.

Point n'est besoin de rappeler qu'il y a quelques années, vouloir tourner et monter une vidéo avec son téléphone portable relevait de l'expérimentation hasardeuse. Cependant, aujourd'hui, les progrès techniques ont totalement changé la donne. Car, à l'aide d'un téléphone à multiple fonctionnalité, les professionnels des médias peuvent collecter, traiter et diffuser des informations de manière exacte, rapide, complète, intéressante et concise. En effet, cet outil multifonctionnel est à la fois : traitement

---

[7] Scherere, *La Révolution numérique*, Paris, Glossaire, Dalloz, 2009, p. VII-XXII.

[8] Piette-Th Coudol, *Les objets connectés*, *Op.cit.*, pp. 1-190, Spéc. p. 1.

[9] *https://www.masteretudes.fr/Master/Communication-numerique/*, Kinshasa, Consulté le 02/01/2019.

[10] Bertrand, E., *Smartphones : Le journalisme 2.0*, *In* *www.techbox-journalisme-smarphone*, publié le 4 décembre 2014, Consulté le 05/03/2019 à 15h21'.

[11] Marc M., *Le Smartphone est le meilleur ami du journaliste*, Paris, *In* Blog The Mediatrend, *https://www.emi.coop/articlele-smartphone-est-le-meilleur-ami/*

de texte, enregistreur numérique, appareil photo, caméra vidéo, studio numérique, banc de montage, etc. Il permet d'être sur la toile et bien d'autres utilitaires comme des applications à travers les réseaux sociaux. Grâce à cet appareil, Il est possible de capter avec une qualité supérieure tous les éléments multimédias (*son, image, texte*), mais aussi de l'éditer et de le publier à travers divers canaux de diffusion (*radio, télévision, médias en ligne*).

Sous d'autres cieux, la documentation exploitée révèle que le téléphone portable est devenu omniprésent et accompagne le journaliste partout et en tout le temps. Il est léger et moins encombrant, facile à garder, à manipuler, polyvalent, et aussi, et surtout permet de créer de nouveaux contenus tout en respectant la mobilité et la réactivité des journalistes.

En situation de mobilité, lorsque, par exemple, les journalistes assistent à un événement, une conférence, un spectacle ou tout autre fait d'actualité ; ils sont nombreux à poster en direct une image fixe (photo), une image animée (vidéo) de l'instant sur le web et les réseaux sociaux ou bien retranscrire rapidement, voire instantanément l'actualité. Et donc, ils peuvent filmer ce qu'ils souhaitent que ce soit dans la vie quotidienne ou dans le cadre de leur métier. De même, lors que les journalistes sont seuls sur un événement imprévu, une « *breaking news* » ou quand ils sont dans une position privilégiée, ils envoient rapidement les premières images (photos de presse et vidéos) dans leurs rédactions respectives.

En l'espace de quelques années, la manière d'obtenir l'information a évolué sans pareilles. Tout d'abord, c'est l'accès à l'information qui s'est libéralisé et a profondément déstabilisé les médias traditionnels, qui depuis l'avènement du téléphone portable plus précisément du Smartphone, la génération actuelle accorde peu de crédits aux médias traditionnels et préfère l'Internet, et les moteurs de recherche pour avoir accès à l'information[12]. Avec cette mobilité accrue, l'Internet est disponible partout en temps réel et à tout moment. Il suffit de se connecter, par exemple, sur le réseau Wifi pour naviguer dans le monde où on est à la fois utilisateur et créateur de contenus.

La conséquence est que nous assistons à une modification structurelle du web, avec la création de contenu par les journalistes pour les journalistes et les internautes consommateurs de l'information, grâce au téléphone portable. Cela a entraîné de nouveaux usages et de nouvelles attentes auprès des journalistes[13]. Ces derniers sont considérés comme des Agents sociaux qui œuvrent dans la presse écrite, presse audiovisuelle (radio et télévision) et dans le web journalisme. Cela dit, grâce au téléphone portable, les journalistes de l'hexagone deviennent véritablement

[12] *https://www.blogdumoderateur.com/chiffres-internet/ page consulté le 13/02/2019 à 11h10.*

[13] Gabszewicz, J., et Sonnac, N., *L'industrie des médias à l'ère numérique*, Paris, Collection Repère, Ed. La découverte, 2010, p. 14.

des reporters à plein temps et en toute occasion. Ce qui leur permet de prendre l'information sur le vif et de la transmettre en direct à l'ensemble de leurs audiences respectives. Les journalistes gagnent ainsi en flexibilité, en créativité et en rapidité. En effet, comme par le passé, ils n'ont plus besoin de se déplacer avec une équipe composée de plusieurs personnes, avec du matériel encombrant et lourd. Seul, le téléphone dit *« intelligent »* suffit. Car, cet outil a tout simplifié et réduit les coûts de production.

Dans le paysage médiatique de la Rd-Congolais, pays, classé par certains analystes comme « pays du tiers monde » réfractaire à l'émergence, mais qui demeure malgré tout le plus grand pays francophone du monde de par sa démographie et le nombre de ses locuteurs[14], nous assistons, de nos jours, à une montée[15] en puissance du mobile du journaliste 2.0. Ce dernier utilise son téléphone en permanence pour couvrir un événement et préparer son reportage. Non seulement son téléphone prend des notes, mais il peut aussi enregistrer, prendre des photos, des vidéos et accéder à Internet.

De ce fait, ce n'est plus un secret pour personne, les téléphones portables à multiple fonctionnalité sont ancrés dans nos mœurs, dans nos vies au quotidien ; voire greffés à la main pour certains. Il suffit d'observer dans plusieurs milieux de Kinshasa, notamment, dans les rues, les cafés, les supermarchés, dans des bibliothèques, les transports en commun, les grands centres commerciaux et dans les administrations pour se rendre en évidence que la plupart des personnes sont absorbées par leurs téléphones. Ils forment ainsi une relation qui peut influencer et connecter d'autres relations. Ce qui importe, ici, ce n'est pas le contenu, mais la forme de l'interaction existant entre le journaliste et son outil de travail qui est le téléphone portable.

Pour étayer nos propos, les données statistiques indiquent un taux de pénétration de plus de 82% de la téléphonie et près de 35,366,547 millions d'abonnés aux lignes téléphoniques et plus de 13,198,592 millions internautes mobiles avec un taux de pénétration mobile de l'ordre de 47%, selon l'Observatoire du Marché de la téléphonie mobile (ARPTC)[16]. Ce qui représenterait 54% de la population globale de la Rd-Congo qui est branchée sur le réseau Vodacom comme leader avec un taux de

[14] Longonya, O.D.D., J.M.V., *L'Agence Congolaise de Presse (ACP) face aux défis du web-journalisme. Un essai de conceptualisation*, Kinshasa, *In* Cahiers congolais de communication, *Revue interdisciplinaire de l'Ifasic,* Coédité par l'Ifasic et L'Harmattan, Vol. XI, avril 2014, pp.12 &13.

[15] Cet article est tiré de notre mémoire de Diplôme d'Études Approfondies, défendu en 2019 et qui a eu pour thème : « Communication numérique dans le paysage médiatique congolais. Une étude ethnographique des usages du téléphone portable par les journalistes congolais ».

[16] ARPTC, *Observatoire du marché de la téléphonie mobile*, Kinshasa, *In* Rapport du 4e trimestre 2017, p.5.

(33%) ; suivi d'Orange (30%), Airtel (23%) et Africell (13%)[17]. Rares sont aujourd'hui les journalistes congolais qui n'ont pas de téléphone *intelligent*.

L'importation massive de cette technologie en Rd-Congo a permis à de nombreux journalistes de s'équiper et de se brancher sur le réseau de la téléphonie GSM de leur choix ; dont les usages de cette technologie se sont à la fois multipliés et diversifiés.

Pour élaborer cette étude à ce stade, nous l'avons subdivisé en deux grandes parties dont chacune comprend plusieurs chapitres. Mais, pour cet article, nous retenons quatre points : le premier aborde la méthodologie, précise la question spécifique de recherche et l'hypothèse. Le second s'est organisé autour de quelques concepts clés et de la théorie de l'appropriation, développée par A. Lalande. Le troisième énonce le corpus et le quatrième et le dernier point révèle les résultats obtenus à ce stade embryonnaire de la recherche devant aboutir à l'élaboration de notre thèse de doctorat.

Méthodologie, question spécifique de recherche et hypothèse

Pour examiner l'usage du téléphone portable dans le paysage médiatique de la Rd-Congo, nous avons eu à recourir à la méthode ethnographique. Cette approche méthodologique utilisée beaucoup dans les études sociologiques qualitatives permet au chercheur en communication d'étudier un groupe, ses conduites, ses actions et de les interpréter en contexte[18]. L'enquête qualitative à visée descriptive a été d'un apport considérable dans la mesure où elle vise la compréhension d'un phénomène pris dans son contexte et se caractérise par une ouverture sur le monde.

Dans cette perspective, les outils de collecte de données privilégiés étaient l'observation directe, l'entrevue (ou l'entretien) et la documentation[19].

Cela dit, en soutenant que le téléphone portable a imposé de nouvelles pratiques dans la profession journalistique, nous avons posé la question spécifique suivante : *quels sont les nouveaux usages du téléphone portable par les journalistes dans l'exercice de leur métier ?*

En guise de réponse à cette question de départ, nous avons dit qu'au-delà de ses fonctions traditionnelles, le téléphone portable permet une appropriation médiane de la part des journalistes. L'usage qu'en font les journalistes s'inscrit sur toute la chaîne de production journalistique.

---

17 *Les chiffres clés de la téléphonie mobile en RDC 2017*, Kinshasa, Étude réalisée par Target -RDC

18 Elite, Ipondo G.G., *La recherche en sciences de l'information et de la communication. De l'objet au processus de recherche,* Paris, Ed. L'Harmattan, 2017, p.93.

19 Elite, Ipondo G.G., *La recherche en sciences de l'information et de la communication, De l'objet au processus de recherche,* Paris, L'Harmattan, 2017, p.92.

Ainsi formulée, cette hypothèse de départ a introduit cette étude dans le champ de la théorie de l'appropriation.

Concepts clés et cadre théorique

Usage

Pour parler de l'usage, nous nous sommes inspirés des travaux de Francis Jauréguiberry sur le téléphone portable comme expérience sociale. Car, ses réflexions cadrent étroitement avec cette étude. En effet, Francis Jauréguiberry explore, les usages dans le monde professionnel et, par une étude très documentée, dans son ouvrage intitule : « *Les branches du portable* », il montre comment les outils de communication mobile sont devenus des instruments de contrôle et d'affirmation du pouvoir, utilisés par la hiérarchie à destination tant des employés travaillant hors des murs de l'entreprise, que des cadres intermédiaires, servant alors de « fusibles ».

A la lecture de cette réflexion, nous retenons trois idées essentielles : la première idée consiste à être branchée, mettant à jour un besoin d'expression identitaire et d'intégration au sein de son réseau social, tant professionnel que privé. La seconde vise à être efficace et rapide dans une dynamique révélant une vision d'action stratégique et utilitaire, à laquelle s'appliquent des critères de rationalité économique et enfin, la troisième idée se traduit par le désir d'être autonome, introduisant un peu de réflexivité que l'on pourrait assimiler à une sorte de distance critique au rôle[20].

Téléphone portable

Le téléphone portable est un petit dispositif qui se tient entièrement dans la paume de la main. Cet outil offre, de nos jours, une panoplie de services à ses utilisateurs. En plus des services de base comme la communication (*appel téléphonique*), les jeux, le SMS /MMS, les nouveaux portables ajoutent d'autres services à savoir : le traitement de texte, le Photoshop, la photo de presse, l'enregistrement d'une vidéo, la radio, la télévision et les réseaux sociaux qui favorisent les rencontres et les échanges d'informations.

Ce dispositif est abordé ici non pas comme un simple objet de communication, mais aussi comme un outil indispensable de production d'usage, des comportements sociaux et des contenus médiatiques. Parlant justement des contenus médiatiques, en effet, on ne peut jamais envisager d'appréhender le téléphone portable comme outil de production des contenus médiatiques sans penser aux faiseurs d'informations qui sont les journalistes ; considérés dans cette

[20]Corinne, M., & Jaureguiberry, F., Les branchés du portable. Sociologie des usages. Questions de communication, Kinshasa, Mis en ligne, le 24 mai 2012, Consulté, le 15 avril 2016 à 11h41'.

étude comme des producteurs de contenus. A titre d'illustration, dans le cadre de sport, les journalistes reporters, comme c'est le cas dans le football, utilisent le téléphone portable pour commenter les matches en direct.

Aperçu historique

Lorsqu'on parle du téléphone portable, on fait référence à la téléphonie mobile qui désigne toute l'infrastructure de télécommunication permettant d'utiliser des téléphones portables que l'on appelle téléphone mobile, téléphone cellulaire, etc. En effet, cet outil permet de téléphoner presque partout[21]. Aujourd'hui, chacun a un modèle de téléphone portable *Smartphone*. Les systèmes d'exploitation mobiles les plus populaires et utilisés (de 2009 à 2019) sont par exemple : Android, Ios, Windows, BlackBerry, Inux, Samsung et KaiOs.

Pour rappel, la téléphonie mobile est née dans les années 1950[22] aux États-Unis. Les premiers réseaux nécessitaient l'allocation d'une fréquence par communication, et les secteurs géographiques étaient larges (peu d'abonnés par unité de surface). Par la suite, les réseaux cellulaires ont permis un usage plus rationnel des fréquences, augmentant ainsi de façon considérable les capacités des réseaux. Outre la communication téléphonique classique, le téléphone mobile a développé d'autres fonctionnalités telles que l'envoi de textes courts (SMS), des textes longs, appelé MMS, la photographie et la vidéonumérique. Et, l'accès au Web avec d'autres applications multimédias tel que le WhatsApp, Messenger, Twitter, You tube, Skype, Instagram, Viber, Face book, Imo, Opéra news, Linkedln et Zoom.

Dans cette étude, nous nous sommes intéressées aux téléphones mobiles ou portables, appelés en langage technique *Smartphones* qui offrent des services multimédias mobiles et de nouveaux contenus et services de communication.

Avec l'arrivée de technologie de pointe de troisième et quatrième génération, de nouvelles fonctions et applications sont apparues sur les téléphones mobiles proposant aux utilisateurs des services plus adaptés à leurs demandes. Parmi ses utilisateurs, nous citons : les journalistes.

Journaliste

Est journaliste, celui qui est collé à une rédaction et vit de son travail qui consiste à collecter, traiter et diffuser l'information. En République Démocratique du Congo, le métier du journaliste est réglementé. Il est

---

[21] *Http// : www.wikipedia.com*, consulté, le 16/02/2018 à 19h15'.

codifié dans la loi n°96-022, relative à la liberté de la presse[23].

Dans le cadre de cette étude, il utilise le téléphone portable comme utile de communication efficace. A ce titre, il interagit avec cet objet matériel pour réaliser son travail. De ce fait, ce qui importe, ici, c'est la forme de cette interaction et non son contenu.

Interaction

Le concept d'interaction du point de vue étymologique, signifie action entre les différents membres d'un système ou d'un corps. Elle signifierait également action entre différents corps et/ou mise en relation[24]. C'est le cas, dans cette étude, du journaliste qui utilise le téléphone portable pour atteindre ses objectifs.

Théorie de l'appropriation

A la suite des auteurs qui ont eu à définir l'appropriation, cette étude a pris en son compte la définition de A. Lalande qui affirme que l'appropriation est l'effort qu'on engage en vue de prendre, de posséder quelque chose d'autant plus qu'il implique non seulement dans le chef des opérations des réactions concernées, un effort d'apprentissage, de maîtrise, mais, aussi des diverses applications qui, en réalité, sont des techniques et manipulations nouvelles[25].

Cette notion peut être construite sous la forme d'un triangle : *accès, savoir et pratique*. Il s'agit, en fait, des différents niveaux d'appropriation. A ce stade, nous pouvons affirmer, sans peur d'être contredit, que cette notion s'applique mieux dans le cadre de l'exercice du métier des journalistes qui utilisent au quotidien le téléphone portable, comme moyen de communication et en particulier de commentaire des matchs de football. Ils font de cet outil une « *appropriation individuelle* ».

Corpus

Cette étude s'est focalisée à examiner les travaux pratiques des journalistes, des actualités à la radio et à la télévision, des Journalistes de la

---

[23] Cfr. La loi n°96-022 du 22 juin 1996 fixant les modalités de l'exercice de la liberté de presse en République Démocratique du Congo.

[24] Namunanika K.H., Pour une stratégie de communication de la RDC face à la problématique des Droits de l'Homme. Apport de l'approche systémique aux Relations Publiques d'État, Kinshasa, *In* Cahiers congolais de communication, Revue interdisciplinaire de l'Ifasic, Co-édité par l'Ifasic et L'Harmattan, Vol. X, Mars 2013, p.166.

[25] Lalande, A., cité par Ntonda, K., P., *Le web journalisme à Kinshasa : le défi de l'appropriation*, Kinshasa, *In* Cahiers congolais de communication, Revue interdisciplinaire de l'Ifasic, Co-édité par l'Ifasic et L'Harmattan, Vol. XI, avril 2014, p.32.

presse écrite, de la presse en ligne et des journalistes indépendants.

Parmi les pratiques liées à l'usage répété du téléphone portable par les journalistes, nous avons noté l'accroissement de l'utilisation de cette technologie comme complément à Internet notamment, pour la quête d'information et la possibilité d'être branché sur la toile ainsi que sur les réseaux sociaux. Pour les usagers, *ici, il s'agit des journalistes*, du téléphone portable, ils l'utilisent pour tisser des réseaux afin d'obtenir de plus amples informations sur un sujet d'actualités. Ainsi, il est important de souligner que pour eux, le téléphone mobile devient un relais informationnel s'inscrivant dans un phénomène social à étudier dans le champ de la sociologie des médias.

Pour rester dans le paysage médiatique de la Rd-Congo, cette étude a été menée dans la Ville-province de Kinshasa où se trouvent bonnes nombre d'entreprises de presse qui en plus de diffuser à travers les canaux traditionnels, ont aussi choisi d'être présentes sur la toile. Mais, à côté, il existe également, en dehors des entreprises de presse mixant le mode de diffusion traditionnel à l'utilisation d'Internet, des entreprises qui sont nées sur le Web. Celles-ci ne diffusent qu'à travers ce canal.

C'est à partir de ce constat, que nous avons réalisé dans un premier temps, des entretiens semi - directifs auprès de certains journalistes. Les entretiens ont été réalisés par téléphone et par des rencontres lors des séminaires, colloques, conférences-débats réunissent avec les professionnels des médias. Notre but était d'identifier les pratiques professionnelles, informationnelles, culturelles et communicationnelles des journalistes dans les différents usages.

Résultats obtenus

Les résultats de cette étude exploratoire ont montré que sept (7) des sujets interviewés disposent des téléphones portables du type intelligent, appelés *Smartphones* et qui contiennent plusieurs systèmes d'exploitation mobiles. Ces outils ultras modernes facilitent le travail de journaliste sur le terrain.

Il se dégage de l'étude que le taux d'utilisation de la téléphonie mobile est très élevé dans les grandes villes (82%). C'est avec un total de 3,41 milliards des SMS et de plus de 97% de l'ensemble de trafic SMS, généré par les opérateurs mobiles[26]. Posséder un téléphone portable est la chose la plus normale qui soit en Rd-Congo. Et cela s'observe également chez les journalistes dans la mesure où cette nouvelle technologie permet aux journalistes de mieux réaliser leur travail. Par ailleurs, cette étude a relevé un accroissement de l'utilisation de cette technologie comme complément à l'Internet, notamment, pour la quête des informations et la

[26] Target, *Op.cit.*, p. 22.

possibilité d'être branché sur la toile et les réseaux sociaux et aussi et surtout sur les modèles de recherche telle que *Twitter*, considérée comme l'une des applications les plus utilisées par les professionnels des médias. Outre cela, cette étude a démontré par l'enquête sociologique que peu à peu, les Smartphones ont supplanté les petits téléphones portables dits « *basiques* », qui ne sont réservés qu'aux franges les plus aisées de la population et/ou aux plus férus de nouvelles technologies. C'est le cas des journalistes.

Outre cela, la télévision et le web sont les deux principaux médias traditionnels audiovisuels qui diffusent l'information. L'intérêt pressant et croissant des Smartphones a introduit de nouvelles pratiques qui se sont mises en place par l'arrivée des nouvelles technologies. Les médias ont compris qu'il faudrait adopter ces tendances pour rester dans l'ère de l'information globale en vue de conquérir et de conserver un public devenant de plus en plus exigeant.

Il ressort également de nos entretiens auprès de quinze (15) journalistes que les usages du téléphone mobile deviennent de plus en plus complexes avec les nouveaux services qu'offrent ces téléphones intelligents au regard de l'évolution technologique. Par ailleurs, les pratiques communicationnelles, informationnelles et culturelles du multimédia mobile par les journalistes ont permis de distinguer plusieurs critères de différenciation allant de l'équipement et la maîtrise de l'informatique, l'appartenance à un réseau social aux productions de contenu de l'information.

En toute évidence, l'usage du téléphone portable est devenu capital à l'ère du Web dans les techniques et pratiques journalistiques. Un nouveau moyen de communication, s'agissant des sources additionnelles de l'information et du canal qui rendent visibles le travail des journalistes, les avis des répondants face à ces deux pôles sont nuancés et sont intimement liés aux usages individuels de tous les jours. Chacun indique ses préférences en fonction de sa situation et de son rythme de vie. Dans l'ensemble, les usages les plus fréquents sont : la communication (appel ou réception), la photo, les jeux, la radio, l'agenda, l'horloge, la torche, la fonction réveil, l'enregistreur de sons, la caméra, le SMS et MMS.

Quant à l'usage des réseaux sociaux tels que Facebook, Instragram et Twitter ; ceux-ci sont devenus très importants dans l'intégration des pratiques professionnelles chez les journalistes, interviewés dans cette étude exploratoire.

En guise de conclusion

Par cette étude, nous avons voulu disposer des données indispensables pouvant nous ouvrir la voie à l'approfondissement de la recherche par une dissertation doctorale. Cependant, deux observations méritent d'être relevées. La première observation concerne la croissance économique et son impact sur la vie sociale des journalistes, dans leur milieu de travail. Presque tous les journalistes congolais sont en mesure de disposer d'un téléphone portable de haut de gamme contenant plusieurs fonctionnalités et applications pour l'utilité familiale, sociale et professionnelle. La seconde concerne les investissements effectués par des multinationales des domaines de télécommunications et des fabricants des téléphones mobiles qui vont de l'innovation en innovation peuvent surprendre dans les années à venir un modèle de téléphone portable plus complexe avec toutes les applications numériques pouvant permettre une certaine autonomie – indépendance - vis-à-vis des supports existants tels que la radio, la télévision, les journaux et l'Internet. Par ailleurs, l'absence d'une réglementation et législation dans les domaines de l'Internet, en particulier dans la régularisation des médias en ligne en Rd-Congo, pourra être source des conflits dans l'exercice de la profession pour ceux qui ont choisi le web journalisme.

La chaîne (traditionnelle) du livre à l'ère du numérique : note d'analyse et d'identification des moyens de développement du livre numérique en RD Congo

Farida Eliaka Bombende

Le monde électronique[1] nous propose aujourd'hui une triple rupture ; il propose une nouvelle technique d'inscription et de diffusion de l'écrit, il incite à une nouvelle relation avec les textes et impose à ceux-ci une nouvelle forme d'organisation.

L'originalité et l'importance de la révolution digitale ne doivent donc pas être sous-estimées dans la mesure où elle oblige le lecteur contemporain à abandonner, consciemment ou inconsciemment, les différents héritages qui l'ont constitué. Cette nouvelle forme de textualité[1] n'utilise plus l'imprimerie (au moins dans son sens typographique). Elle ignore

[1] Scopsi, C. ; Soual, L. ; Ferraille, J-F. et Machefert, S., *Mener un projet Open Source en bibliothèque, documentation et archives*, Paris, Editions du Cercle de la Librairie, 2007, p. 19. On lira également à ce sujet *La révolution du livre numérique* in *Bulletin des bibliothèques de France (BBF)*, n° 2, 2012, p. 93-94. Disponible sur le web : <http://bbf.enssib.fr/consulter/bbf-2012-02-0093-007>. ISSN 1292-8399.

[1] Nous pensons au livre numérique défini par C. Biagini comme « Le livre électronique renvoie plutôt au support technique, au terminal que l'on qualifie ici de reader. Livre numérique fait plutôt référence au contenu, à l'œuvre dématérialisée. Le fait que le terme anglais e-book efface cette distinction ne facilite pas la compréhension, mais rend compte de ce double processus : réduction du texte à un fichier et transfert de support. On peut lire un livre numérique sur d'autres supports qu'un reader, un ordinateur ou une tablette par exemple. Et sur un livre électronique (reader), on peut accéder à des contenus non textuels (images, sons, etc.) voire, pour les modèles récents, surfer sur Internet. » dans C.

totalement le libro unitari et est étrangère à la matérialité du codex. C'est donc une révolution qui, pour la première fois dans l'histoire de l'écrit, associe en temps une révolution de la modalité technique de la reproduction des textes (telle l'invention de l'imprimerie), une révolution du support de l'écrit (comme la révolution du codex) et une révolution de l'usage et de la perception des discours (comme les différentes révolutions de la lecture). D'où, sans nul doute, le désarroi du lecteur contemporain qui doit transformer, non seulement les catégories intellectuelles qu'il mobilise pour décrire, hiérarchiser et classer le monde des livres et des écrits, mais aussi ses perceptions, ses habitudes et ses gestes les plus immédiats. On peut penser que cette possibilité offre à l'écriture des virtualités nouvelles dont Michel Foucault a rêvé en imaginant un ordre des discours dans lequel disparaitrait l'appropriation individuelle des textes et où chacun anonymement laisserait sa trace dans les nappes de discours sans auteur.

L'incohérence des maillons de la chaîne du livre en RDC

De la conception à la consommation, chaque étape de la vie d'un livre nécessite l'intervention de différents acteurs liés les uns aux autres. Nous tenterons, dans les lignes qui suivent, d'esquisser les maillons les plus importants[2] de la chaîne du livre en RDC. Depuis plusieurs dizaines d'années, des difficultés économiques conjuguées à des faits historiques et politiques particuliers ont contribué à déréguler la chaîne du livre[3] et à fragiliser la position de certains acteurs en RDC.

Malgré un contexte politique souvent trouble, la RDC est comptée parmi les pays de l'Afrique noire francophone qui présentent un contexte culturel et intellectuel favorable[4] aux activités éditoriales. C'est un des rares pays où les politiques publiques[5] de promotion du livre sont inexistantes ; de plus, l'Etat n'aide pas concrètement ce secteur

BIAGINI, *L'emprise numérique. Comment Internet et les nouvelles technologies ont colonisé nos vies*, Paris, Ed. de l'Echappée, 2012, p.41.

[2] Nous allons nous appesantir sur les maillons essentiels de la chaîne du livre : l'éditeur qui produit le livre et autour duquel gravitent l'auteur et l'imprimeur ; le diffuseur/distributeur (libraire, bouquiniste et bibliothécaire) qui vend et présente le livre vers le client final et le consommateur qui lit le livre.

[3] Le Professeur Eddie TAMBWE a dressé un brillant état des lieux de la chaîne du livre en Afrique noire francophone. Pour une analyse approfondie, on consultera Eddie, Tambwe et al., *La chaîne du livre en Afrique noire francophone. Qui est éditeur, aujourd'hui* ? (Collection Recherches en Bibliologie). Paris, L'Harmattan, 2006, p. 59-97.

[4] Eddie, Tambwe et al., *La chaîne du livre en Afrique noire francophone. Qui est éditeur, aujourd'hui ?* (Collection Recherches en Bibliologie). Paris, L'Harmattan, 2006, p. 61.

[5] Il n'existe pas en RDC une politique nationale du livre et de la lecture. Un projet de loi a été élaboré à l'issu d'un séminaire atelier organisé par les opérateurs du livre en RDC sur base de l'ouvrage « Facilité

d'activité à évoluer : la RDC porte en elle toutes les problématiques de l'édition[6] du livre en Afrique noire francophone.

Pour survivre et en dépit des aléas[7] du secteur, les éditeurs en viennent à développer des logiques clientélistes afin d'obtenir des financements[8] ; ce qui menace l'indépendance des politiques éditoriales. Les livres religieux occupent une place de choix en raison de la place privilégiée des Eglises chrétiennes (dites « Eglises de réveil ») et par l'engouement actuel pour les religions. Les livres littéraires, les ouvrages scientifiques et les livres d'intérêt général, qui s'adressent essentiellement aux grands lecteurs, nécessitent de fonds importants. Malgré l'explosion du marché de l'imprimerie à Kinshasa, les éditeurs congolais se désintéressent des livres pour jeunesse. La plupart se ruant vers l'édition du livre scolaire très dynamique, puisque liée au mouvement de scolarisation croissante[9] dans les grandes agglomérations en particulier à Kinshasa. Ainsi, plusieurs textes moisissent dans les tiroirs sans avoir la possibilité d'être édités. Quant au circuit de vente du livre, en plus de quelques librairies et bouquinistes, d'autres canaux tels, les supermarchés et les papeteries ou encore des magasins de vente des fournitures de bureau se développent. Là encore, la vente des livres maintient le cap.

Les microéditeurs[10] de plus en plus en vogue à Kinshasa ne recourent pas souvent à ce circuit de diffusion préférant vendre directement aux lecteurs. Les bouquinistes[11] dont l'assortiment est réduit aux ouvrages

---

l'accès au livre en RDC : enjeux et perspectives » qui renferme les actes du séminaire-atelier organisé à Kinshasa du 7 au 10 décembre 2009.

6 Eddie, Tambwe et al., *op. cit.*, p. 62.

7 Parmi les caractéristiques du secteur de l'édition en RDC, on note l'analphabétisme qui touche près de la moitié de la population, la faiblesse du pouvoir d'achat des lecteurs potentiels, le manque d'intérêt de l'Etat à l'égard du livre, l'insuffisance des circuits de diffusion, la désorganisation des structures de la demande et de l'offre et de la production, etc.

8 Les éditeurs congolais que nous avons rencontrés à l'instar d'autres opérateurs économiques ne bénéficient pas, de la part des banques, des crédits pouvant leur permettre d'investir dans le long terme dans cette activité culturelle.

9 Selon le Rapport d'Etat du système éducatif de 2014 et compte tenu du fort niveau de redoublement, l'atteinte de l'objectif d'éducation pour tous d'ici 2025 devrait conduire à une augmentation de la capacité actuelle du système éducatif primaire au minimum de 46 %. On lira pour approfondir la question UNESCO, *Rapport d'Etat du système éducatif. Pour une éducation au service de la croissance et de la paix*, République démocratique du Congo, UNESCO, UNISEF, IIPE Pôle de Dakar, décembre 2014, 55p.

10 La sphère éditoriale en RDC présente une caractéristique d'éditeurs : les petits (micro) éditeurs, inlassables passionnés à la recherche de textes sont ceux qui sont souvent dans l'informel. Ils ont très peu de moyens, mais fleurissent partout dans la ville de Kinshasa. La plupart de ces petites structures éditoriales ne publient pas plus d'une dizaine de titres par an et démarrent généralement par de l'autodiffusion.

11 Les bouquinistes, dans la conception congolaise, est un libraire spécialisé ou la librairie de vente des livres d'occasion. Ils

à vente facile se sont frayé un espace dans la chaîne de distribution du livre en RDC.

Par ailleurs, les conditions du marché ne permettent pas l'éclosion d'un commerce des livres du fait du délabrement du tissu économique, le très faible revenu du Congolais et le coût élevé[12] des livres. Les bibliothécaires, documentalistes et archivistes ne sont pas exemptés. Les métiers de bibliothécaires et de libraires présentent des similitudes en RDC. Ils servent d'intermédiaire entre le public et les éditeurs. L'environnement économique détermine la richesse de la nation congolaise et influe sur l'évolution des budgets consacrés aux bibliothèques. Il y a absence totale des bibliothèques scolaires achalandées dans les établissements d'enseignement (du primaire à l'université) et des points de lecture publics à travers les grandes villes, centres d'activités et communes en RDC. Une situation qui ne peut pas stimuler la lecture chez les jeunes, pourtant capitale pour la culture.

Ce tableau dresse de réels problèmes et de sérieuses difficultés à chaque maillon de la chaîne en RDC. Avec l'arrivée du numérique, tous ces maillons connaissent un bouleversement sans précédent. C'est la nature même du livre qui se voit touchée. Tout fervent lecteur connaît le plaisir que l'on peut éprouver à tourner les pages d'un livre, à sentir son odeur, à tester la qualité du papier, à regarder la finesse d'une reliure.

Tout porte d'ailleurs à croire que tant que de telles personnes existeront, le livre papier, en tant qu'objet reflétant un savoir - faire évident, continuera à exister. C'est pourquoi il est en réalité nécessaire d'aborder la question du livre numérique de manière raisonnée et non passionnée afin d'éviter de tomber dans une polémique qui serait, somme toute, peu constructive et de ne pas sombrer dans le fatalisme: « *l'arrivée d'un nouveau média ne détruit pas forcément les anciens, il crée de nouveaux usages, souvent complémentaires des anciens : la télévision n'a pas détruit la radio, etc.*»[13].

En conjuguant une double approche économique effectuée à partir d'analyses de données segmentées et précises aux différents maillons de la filière, et sociologique à partir d'entretiens effectués auprès des éditeurs, de libraires, de bibliothécaires, des bouquinistes nous tenterons de préconiser un plan d'action à destination des professionnels du secteur, des politiques et acteurs internationaux.

---

vendent à même le sol sur les places publiques ou dans les rues.

[12] Le prix de vente public du livre varie d'un éditeur à un autre et d'un libraire à un autre, selon les charges auxquelles chacun fait face. Il n'est pas rare de voir vaciller les prix d'un livre d'un point de vente à un autre.

[13] Livingstone Sonia, Gamberini Marie-Christine, *Les jeunes et les nouveaux médias. Sur les leçons à tirer de la télévision pour le PC* in *Réseaux*, volume 17, n°92-93, 1999. *Les jeunes et l'écran*. pp. 109.

Le livre numérique et ses différentes réalités en RDC

Aujourd'hui, on entend de plus en plus parler de livre électronique[14], mais peu de gens s'entendent sur la définition à donner à ce terme. Un livre électronique, est-ce un support de lecture qui fait appel au numérique et aux nouvelles technologies ? Est-ce un contenu sous format numérique comme un texte numérisé au moyen d'un scanner ou un texte typographié au moyen d'un clavier ?

La réalité des livres électroniques est donc difficile à cerner. Il semble tout d'abord important de différencier support et contenu.

Le contenu textuel sous forme numérique envahit aujourd'hui l'espace de l'écriture et de la lecture. Pour écrire leurs œuvres, combien d'auteurs ont encore recours au stylo et au papier ? Combien ont fait le choix de taper directement à l'écran leurs textes, se proposant même de mettre en page leurs écrits à l'aide d'outils de traitement de texte ? Même pour communiquer, beaucoup de gens préfèrent aujourd'hui utiliser des mails ou une messagerie instantanée plutôt que d'écrire une lettre à la main. Chaque personne qui tape un texte à l'écran est alors potentiellement l'écrivant d'un livre numérique au sens large du terme. Ces contenus numériques sont plus faciles à lire, car leur écriture est standardisée, ils sont aussi facilement accessibles par le biais d'Internet. Nous reviendrons plus en détail sur cette capacité nouvelle de mettre à disposition du plus grand nombre des textes écrits par un particulier, mais il est important de garder à l'esprit l'impact qu'Internet a eu sur la numérisation progressive de l'écrit et de la lecture.

Au-delà de cette numérisation des pratiques quotidiennes d'écriture, de nombreux ouvrages sont passés du papier à l'écran au cours d'un processus de numérisation réalisée à l'aide de scanners de plus en plus performants. La numérisation des textes est un phénomène déjà relativement ancien (à l'échelle de l'histoire du numérique) qui s'est accru ces dernières années. Ainsi, malgré la richesse des documents numérisés et accessibles sur Internet, le contenu numérique disponible librement semble difficilement séduire un grand nombre de lecteurs. Au-delà de la question du contenu, il faut également se demander si le livre numérique en tant que support est capable de toucher un large public de lecteurs. Il existe

[14] Partons de cette expression « livre électronique », qui s'avère à la fois maladroite et contradictoire. Maladroite, car il est restrictif de parler de livre (terme qui désigne le support physique de l'écrit), là où tous les supports de l'écrit, du son et de l'image sont convoqués. Contradictoire, car le mot « électronique » superpose à cet objet matériel qu'est le livre de papier, un nouvel objet immatériel défini par un ensemble de procédures d'accès et une structuration logique. On lira Georges, Vignaux, *L'hypothèse du livre électronique* dans *Les cahiers de médiologie* 2/2000 (N° 10), p. 64-75 URL : www.cairn.info/revue-les-cahiers-de-mediologie-2000-2-page-64.htm (page consultée le 26 décembre 2016).

aujourd'hui une grande variété de supports sur lesquels il nous faudra revenir plus en détail. Il faut différencier les supports exclusivement dédiés à la lecture, des supports multifonctionnels qui semblent plus en mesure de toucher un public aux usages hybrides. Les supports sont appelés à être aussi multiples que nos usages de lecture, il faut donc envisager que les livres numériques qui ressemblent beaucoup au livre imprimé ne soient que des supports parmi d'autres pour la lecture numérique.

Ainsi, à côté de l'offre de support de lecture proposée par des multiples entreprises, il existe un moyen très simple d'avoir accès à un document numérique. Ce support, c'est avant tout l'écran d'un ordinateur qui, malgré ses inconvénients, reste le premier support de lecture numérique aujourd'hui. De nombreux opposants à la lecture numérique pointent alors le caractère inconfortable de la lecture sur écran. Le lecteur est assis, le dos droit, il ne peut pas vraiment adapter sa position ce qui peut déclencher des fatigues au niveau du dos ou même des yeux en raison de la luminosité de l'écran. Pourtant, une enquête sur les pratiques culturelles des étudiants congolais[15] met en évidence une habitude de lecture sur Internet de plus en plus forte. Le temps de consultation de sites sur la toile a ainsi progressivement augmenté, en parallèle à de nouvelles pratiques de lecture, plus fragmentaires. Mais, l'ordinateur a également profondément changé de visage depuis quelques années. De nouveaux micro-ordinateurs ont vu le jour, leur taille et leur poids ont diminué ce qui facilite leur maniabilité. Il est ainsi possible de se balader avec son mini portable afin de lire à la terrasse d'un bar à Kinshasa ou sur un banc à l'université. De nombreux cybercafés et même certains restaurants proposent maintenant une connexion Internet en wifi à leurs usagers.

Les fabricants de téléphones portables ont également enrichi leurs appareils qui permettent à présent la consultation d'Internet, mais aussi de textes numérisés. L'offre de connexion 3G[16] s'est ainsi généralisée, la consultation d'un ordinateur.

La chaîne du livre modifiée : enjeux de la pluralité des acteurs

L'entrée du livre dans l'ère du numérique a bouleversé les équilibres qui pouvaient exister entre les différents acteurs sus évoqués et force à reconsidérer le rôle de chacun à

[15] Une enquête inédite a été réalisée sur les pratiques culturelles - parmi lesquelles la lecture- auprès d'un échantillon constitué de centaine d'étudiants de l'Université Catholique du Congo pour une période de 2014-2015. Les étudiants passent la majeure partie de leur temps à consulter un livre au moyen d'un Smartphone qu'en bibliothèque.

[16] Les opérateurs de téléphonie mobile œuvrant en RDC offrent des forfaits Internet illimités concurrentiels aux abonnés. Le Smartphone est donc le dispositif technique de consultation du livre numérique le plus utilisé en RDC.

l'aune des nouvelles problématiques propres au numérique.

La chaîne de valeur traditionnelle plutôt que linéaire évolue vers un dispositif en réseau. L'ensemble d'acteurs de la chaîne (traditionnelle) du livre intègre désormais un vaste maillage où tout devient possible. En fait, tous les acteurs sont à même d'entrer en contact désormais avec tous les autres maillons que ce soit les auteurs, les éditeurs, les distributeurs ou les cyberlibraires.

La vague du numérique peut apparaître comme une menace dans la mesure où elle entraîne, aux yeux des plus pessimistes, la suppression relative de certains corps de métiers.

Autant les libraires craignent l'essor de la vente directe par les éditeurs grâce au développement de librairies en ligne ou aux boutiques propres de maisons d'édition, autant les éditeurs craignent la remise en question de leur rôle dans la chaîne du livre. Scrutons à présent les bouleversements dans chaque maillon de la chaîne du livre retenu pour la présente analyse.

Les auteurs et les éditeurs

Les bases du métier d'éditeur semblent rester les mêmes dans la mesure où il s'agit toujours de manuscrits (tapuscrits), de relectures, d'élaboration de collections et de lignes éditoriales. En revanche, face à la vague du numérique, les métiers de l'édition demandent de nouvelles compétences et de nouveaux savoir-faire techniques. Les assistants éditoriaux, éditeurs, directeurs de collection, directeurs éditoriaux se doivent, désormais, d'élaborer aussi des contenus digitaux en connaissance de cause.

En RDC, les éditeurs considèrent les nouveaux entrants comme une menace, agissant bien trop souvent de manière protectionniste, tentant parfois de mettre en place des dispositifs leur assurant de conserver le contrôle de l'ensemble du processus.

Ils oublient la réalité selon laquelle l'avenir du livre électronique aujourd'hui va dépendre d'eux et de leur capacité à évoluer[17] pour proposer aux lecteurs un vaste choix de contenus.

Selon la taille des maisons d'édition, certains éditeurs congolais, à l'instar de Médiaspaul, choisissent aujourd'hui de contacter des boutiques de vente en ligne afin de lutter contre le piratage possible des textes numériques[18]. C'est le cas d'Amazon qui, dans ce cas, dote leur contenu de

[17] Bertrand, Legendre, Les métiers de l'édition, Paris, Editions du Cercle de la Librairie, 1999, p. 56.

[18] Il s'agit souvent d'une conversion en fichier EPUB et MOBI compatibles avec les formats du livre électronique d'un livre d'ores et déjà éditer en format papier. Amazon est représentatif de ces nouveaux acteurs qui, grâce aux millions de clients réguliers dont il dispose, occupent dès à présent une position dominante. La différence entre le format PDF et le format ePub réside essentiellement dans la manière dont la mise en page du livre est

verrous électroniques pour protéger leurs droits numériques. De plus, ces verrous sont globalement mal perçus par la communauté des premiers lecteurs du numérique qui y voient une limitation peu convaincante de leur liberté. Avec Internet, le rôle même des éditeurs[19] change. Ils ont la possibilité de discuter directement avec les auteurs pour diffuser leurs textes. La mission de l'éditeur est alors remise en cause, les cyberlibrairies[20] se proposent de trouver un lectorat à l'auteur sans passer par les compétences propres à une maison d'édition qui connaît les publics potentiels, mais ne peut offrir à l'auteur un tel taux de rémunération[21].

S'agissant de la rémunération des auteurs en RDC, si un auteur a le droit d'être publié, cela peut s'avérer une aventure surprenante chez certains éditeurs. D'aucuns ignorent que dans ces structures éditoriales de renommée internationale implantées à Kinshasa, accepter le fameux « contrat d'édition » signifie avant tout faire une croix sur ses droits d'auteur. L'éditeur versera à l'auteur à compter de cinq cent un exemplaires vendus, 4 % du 501e à 1 000 exemplaires vendus [et] 6 % à partir de 1 001 exemplaires. Ce qui est, de l'avis des autres professionnels du secteur, une pratique peu orthodoxe et éloignée des 10 % minimum du prix de vente généralement proposé par les éditeurs tels le CEDESURK.

Sachant que rares sont les ouvrages tirés à plus de 500 exemplaires par les auteurs congolais — entre 100 et 300 pour un livre scientifique ou pour un syllabus—, un auteur a très peu de chance d'être payé un jour. De plus, le contrat ne prévoit aucun à-valoir et l'éditeur exige de

---

« générée ». Dans un PDF, la mise en page du livre est fixe et ne se modifie pas, peu importe sur quel support on le lit (ordinateur, tablette, liseuse ou iPhone). La mise en page du livre en ePub est quant à elle fluide et s'adapte facilement à l'écran de lecture. On peut, entre autres, modifier la taille et la police de caractères, ce qui rend la lecture plus agréable sur un iPhone par exemple. Toutefois, la mise en page modifiée entraîne forcément des changements dans la pagination, ce qui implique un ajustement dans les usages. Il faut aussi noter que l'ePub est généralement privilégié pour un texte ne contenant pas ou que très peu d'images, puisque celles-ci entraînent des ruptures peu harmonieuses dans l'affichage du texte. Le format PDF ne présente pas ces problèmes, mais est plus statique et restreint à une façon de lire plus rigide.

[19] Bertrand, Legendre, Les métiers de l'édition, op. cit., p. 56.

[20] Par « cyberlibrairies », il faut entendre une librairie numérique (ou cyber-librairie ou e-librairie) qui permet l'acquisition d'un livre depuis un site web ou une application mobile. On peut citer Amazon, Numilog, etc.

[21] En tant que Chargée d'édition au CEDESURK, trouver un accord global entre auteurs sur la question des conditions de rémunération d'une œuvre de l'esprit qui satisfasse l'éditeur et l'auteur semble tout simplement impossible. Souvent les auteurs se sentent lésés. Or, dans une édition à compte d'éditeur, celui-ci, en tant qu'une Asbl, tente de tirer profit des ventes en vue de pérenniser le projet au bénéfice d'autres auteurs.

recevoir des manuscrits prêts à clicher, c'est-à-dire maquettés aux normes de la maison et prêts à être imprimés. Un document détaillé de deux pages est remis dans ce but à l'auteur en même temps que le contrat. Il est aussi exigé d'acheter cinquante exemplaires de son propre ouvrage. C'est la raison fondamentale de l'éclosion des microéditeurs à Kinshasa.

Toutefois, le numérique entre en douce dans les fonctions de l'éditeur. Il est tenu, désormais de fournir pour tout texte publié des métadonnées qu'il déverse dans des bases de données professionnelles voire dans des plateformes numériques ouvertes au public.

Ces plateformes posent le problème de la vente au public : sont-elles destinées aux libraires ou le lecteur pourra-t-il un jour directement se servir dans ces bases ? La question du format de ces fichiers est également importante. Il s'agit de proposer des fichiers qui pourront être lisibles, quel que soit le support utilisé.

Le livre numérique serait ainsi l'héritier d'une volonté de démocratisation de la lecture, mais le prix de vente jouera alors un grand rôle dans le succès de ce type de format. En effet, qui voudrait payer un fichier numérique autant qu'un objet imprimé en sachant que les coûts de fabrication sont moindres ?

Il est difficile aujourd'hui d'envisager la disparition des imprimés en RDC et les maisons d'édition doivent rivaliser d'inventivité pour replacer la dimension d'objet au cœur du livre.

Nous sommes de ceux qui pensent que les plus touchés seront les autres maillons de la chaîne du livre, comme les imprimeurs. Il est important, néanmoins, qu'ils s'investissent dans cette mutation numérique du livre, car, leurs choix d'édition détermineront aussi le visage du livre de demain. L'éditeur restera à jamais un intermédiaire nécessaire entre un public dont il connaît les désirs et un auteur.

Les librairies

Les librairies sont également inquiétées face à cet avenir incertain, d'autant plus qu'elles seront fortement menacées par les sites de vente de livres en ligne. Leur futur est donc en danger. Pourront-elles alors s'adapter à la vente de livres numériques ?

Il ne s'agit pas de renoncer aux librairies qui vendent des ouvrages imprimés, mais de multiplier les points de contact avec le public en respectant les usages de chacun. Il suffit de travailler en librairie pour se rendre compte que ce n'est pas un commerce[22] comme un autre.

[22] Le libraire, commerçant, tente d'obtenir le meilleur rendement des investissements réalisés, et pour cela, il sélectionne ses produits et choisit ses techniques de vente. Sa démarche est bien différente d'un commerçant d'autres produits. Pour

Les personnes qui se rendent en librairie ne se comportent pas de la même manière que dans les autres boutiques et pourtant, ils sont bien avant tout à la recherche d'un objet à acquérir. Certains font le choix de l'autonomie, errent dans les rayons et profitent de la mise en valeur de certains ouvrages par les libraires qui mettent sur les tables des choix particuliers.

Ces lecteurs potentiels peuvent reproduire ce genre de pratiques sur des librairies en ligne qui proposent souvent des liens vers des livres en relation avec le choix de l'internaute.

Mais, beaucoup d'usagers des librairies cherchent d'abord une rencontre avec un livre et ils ont besoin souvent de parler de leurs désirs, de leurs attentes de lecteurs à une personne qui saura les aiguiller. Le libraire est, ainsi avant tout, un médiateur du livre, au même titre finalement qu'un bibliothécaire. Souvent, les lecteurs n'ont qu'une vague idée de ce qu'ils cherchent et ils ont besoin de discuter avec une personne physique, et non avec une barre de recherche, pour parvenir à exprimer plus clairement leurs attentes. Ainsi, souvent, la personne qui cherche un livre a peu d'informations pour le trouver.

C'est alors au libraire de faire appel à ses connaissances du monde du livre pour aider le lecteur à atteindre son but même si parfois les informations données par le lecteur sont trompeuses et tronquées.

Le libraire est donc là pour le conseil, il vend un contenu avant de vendre un support.

Beaucoup de clients des librairies à Kinshasa ont besoin d'idées et il est alors difficile de remplacer les conseils[23] d'un libraire.

La fonction du libraire[24] est alors de trouver un livre pour chaque lecteur et ce dialogue semble aujourd'hui difficile à obtenir sur un site de vente en ligne. Il est possible d'envisager la librairie du futur comme un lieu de médiation du livre, de rencontre et de conseil. Le support du livre peut changer, le désir de la lecture reste le même.

La librairie est donc avant tout un lieu de sociabilité du livre. Le passage au numérique représente un enjeu de taille pour le monde de la librairie.

Par certains côtés, il faciliterait grandement le travail des libraires en réduisant des tâches fastidieuses comme les retours aux éditeurs ou encore le travail de manutention nécessaire à la mise en rayon des livres. Mais, la librairie dépend beaucoup de la matérialité du livre, elle sait mettre en valeur des objets, pourra-t-elle faire de même avec des fichiers numériques ?

Un marché encore embryonnaire en RDC, mais en forte croissance.

---

approfondir la question, on lira ASFODEL, *Le métier de libraire,* Paris, Editions du Cercle de la Librairie, 2001, 339p.

[23] Asfodel, *Le métier de libraire,* Paris, Editions du Cercle de la Librairie, 2001, p. 130.

[24] Idem, p. 104.

Les ventes de livres numériques sont encore balbutiantes sur le marché congolais. La quasi-absence du chiffre d'affaires dans ce secteur est évidemment lié à la taille embryonnaire du marché où l'on estime à 0,1 livre sur 10 est pour le moment disponible en version numérique.

Les bibliothèques

Aux côtés des éditeurs et des librairies, les institutions de conservation du livre s'organisent pour suivre l'évolution. Les bibliothèques ont été les premières à devoir s'interroger sur la numérisation des supports imprimés.

De plus en plus, les bibliothèques ont été sensibles aux avantages du numérique. Numériser un document permet ainsi de préserver le support original imprimé en évitant sa manipulation par les lecteurs. Pour autant, numériser n'est pas conservé, le support numérique reste profondément instable et rien ne permet d'affirmer que les fichiers numérisés aujourd'hui seront encore lisibles dans cent ans. Ainsi, même si le numérique pourrait faire gagner de la place dans les réserves des bibliothèques, il est encore aujourd'hui impensable de se séparer des documents imprimés.

En RDC, de plus en plus des bibliothèques investissent dans le numérique. Elles consacrent une part grandissante de leur budget à l'acquisition de ressources électroniques, notamment, les abonnements aux revues en ligne.

Cependant, on peut s'interroger sur le rôle futur[25] des bibliothèques dans le cas où toutes les collections seraient accessibles à distance. Cette question trouble les personnels des bibliothèques, car, de nombreuses enquêtes révèlent que les chercheurs sollicitent de moins en moins les compétences des bibliothécaires[26] quand les ressources sont en ligne. Pourtant, la bibliothèque, notamment à Kinshasa, a su acquérir un rôle social au-delà de son rôle culturel. Certaines bibliothèques universitaires à Kinshasa mettent ainsi à disposition du public des formations pour intégrer le monde de l'emploi, pour se repérer dans un environnement numérique. L'espace de la bibliothèque s'anime aussi régulièrement lors de rencontres, d'expositions, de concerts ou de clubs de lecture. Mais, même au sein des collections numériques, le travail de médiation assuré par les bibliothécaires est nécessaire à la mise en valeur du fonds. Ainsi, à la Bibliothèque interuniversitaire du CEDESURK et à la bibliothèque TOTANGA[27], par exemple, les

---

[25] Raphaëlle, Mouren et Dominique Peignet, *Le métier de bibliothécaire,* Paris, Editions du Cercle de la Librairie, 2007, p. 65.

[26] Idem, p. 287.

[27] La bibliothèque « Totanga » est une institution fondée en 2006 par les sœurs des Pauvres de bergames située dans la périphérie de la ville de Kinshasa. Elle contient plus de 5042 volumes récents, de divers domaines pour un public d'étudiants et des professionnels de toutes les disciplines. Elle dispose d'une salle de lecture aux normes d'une bibliothèque moderne,

bibliothécaires travaillent en lien avec des informaticiens pour offrir au public de nouvelles fonctionnalités et une ergonomie agréable. Sans leur travail en amont sur les métadonnées, les collections resteraient peu accessibles au public et le numérique a donc besoin de ces médiateurs. Les autres bibliothèques ont ainsi intérêt à saisir l'enjeu que représentait ce passage au numérique. Le chercheur peut, alors à toute heure accéder aux documents numérisés, les partager plus facilement avec d'autres chercheurs. De plus en plus, les bases de données rassemblent les travaux de chercheurs, les thèses universitaires ou encore les documents rares ou de référence sont devenus indissociables du travail de recherche. Mais, qu'en est-il du lecteur amateur, le lecteur expérimenté qui s'attend à retrouver au-delà d'une information, le plaisir de la lecture ?

Au-delà de la question du contenu, il faut se demander si le livre numérique, en tant que support, est capable de toucher un large public de lecteurs ? Il existe aujourd'hui une grande variété de supports sur lesquels il nous faudra revenir plus en détail lors des prochaines publications.

La distribution du livre électronique

L'arrivée du numérique transforme l'étape de la distribution dès lors qu'un fichier de livre est directement téléchargeable depuis une plateforme informatique vers une liseuse, une tablette, un ordinateur, voire un Smartphone. La distribution ne prend alors plus la forme d'un acheminement physique de livres dans les points de vente, mais celle d'une mise à disposition de fichiers sur une plateforme de téléchargement. La perspective d'un déclin progressif des circuits de distribution qu'ils contrôlent et dont ils tirent une rentabilité plus grande que pour l'activité éditoriale elle-même s'impose. La crainte est également d'assister à une forte baisse des prix par rapport au livre papier, qui pourrait entraîner un processus de destruction de la valeur ajoutée dans l'économie du livre. Pour toutes ces raisons, le monde de l'édition congolaise est resté relativement circonspect face à la perspective d'un basculement de sa production éditoriale vers le numérique. Le développement du marché du livre congolais sera tributaire de trois principaux facteurs : des liseuses[28]

climatisée, d'une capacité de 150 places assises. Pour rendre aisé le travail de recherche à ses abonnés, la bibliothèque Totanga dispose d'une salle pour la recherche des ouvrages dotée des 6 répertoires informatisés et des catalogues manuels à jour. La bibliothèque Totanga offre le service de consultation des livres et d'orientation à la recherche documentaire à ses lecteurs.

[28] Les liseuses sont des appareils spécifiquement dédiés à la lecture des livres comme des journaux qui utilisent une encre électronique – "E-ink" – d'un aspect très proche de celui des caractères imprimés. Plus petites, beaucoup plus légères et d'un coût nettement moindre, les liseuses n'offrent pas la polyvalence de la tablette et sont pour la plupart dépourvues d'écran tactile. Elles offrent, en revanche, une

offrant interopérabilité et bon rapport qualité-prix disponible sur le marché, une offre numérique large et enrichie, un prix des ouvrages suffisamment attractif pour les lecteurs et rémunérateur pour les acteurs de la chaîne du livre.

Conclusion

Même s'il n'a pas vocation à se substituer au livre papier, le livre numérique est appelé à devenir un marché de masse qui peut bouleverser le modèle économique de la filière en RDC. Le livre numérique voit aujourd'hui son statut évoluer rapidement. Les éditeurs cherchent à affirmer leur rôle malgré des incertitudes concernant leur réelle participation dans l'avenir et l'impossibilité de trouver des points d'accord avec les auteurs. Ce sont donc les nouveaux acteurs –diffuseurs-distributeurs et opérateurs de télécommunication – qui pour l'instant trouvent le plus grand intérêt dans le développement du numérique grâce au développement de nouvelles offres venant compléter leurs activités principales. Bien qu'exerçant des métiers différents, les acteurs actuels de la chaîne du livre en RDC sont tous confrontés aux différentes facettes d'une même mutation. Réunir ces acteurs au sein d'un partenariat interprofessionnel bénéficiant du soutien des pouvoirs publics constitue un outil privilégié, au travers des actions concrètes, pour leur permettre :

- *d'inscrire leur développement dans ces évolutions en cours ;*
- *de penser leurs projets en fonction de celles-ci ;*
- *d'organiser et de former leurs équipes ;*
- *de réaménager leurs modes de fonctionnement en ce compris la mise en œuvre de nouveaux partenariats, le cas échéant avec des acteurs extérieurs au secteur ;*
- *d'identifier des communautés de pratiques facilitant les échanges entre les opérateurs ;*
- *d'identifier les éléments non concurrentiels (dont certains aspects technologiques) afin de faciliter le développement de projets collectifs (tels que des infrastructures matérielles et/ou logicielles communes).*

Le livre numérique appelle une mise à jour de la législation du droit d'auteur en vigueur ; elle semble indispensable à la pérennité de la confiance entre auteurs et éditeurs et à une migration progressive de l'édition vers le numérique pleinement consentie.

---

lecture nettement plus confortable et une très grande autonomie (un mois à raison d'une demi-heure de lecture quotidienne).

La communication électorale à l'ère du numérique : étude de la campagne de 2018 en RD Congo

Gloire Kitambala

A l'ère de la mondialisation et de l'explosion des échanges interpersonnels, la communication s'impose comme une compétence indispensable pour transmettre ses idées et ses messages à un plus grand nombre de personnes. Aussi, la communication politique est-elle un secteur en constante évolution, qui doit adapter ses stratégies au rythme des nouvelles technologies de l'information et de la communication.[1]

L'émergence du web social a fait évoluer les modèles de communication de manière remarquable. L'initiateur d'un message peut être n'importe qui, n'importe où. L'internaute choisit le moyen par lequel il va interagir avec les autres. Le web social témoigne et participe dans l'avènement d'un paradigme communicationnel nouveau avec le passage d'une communication verticale à une communication horizontale ou « many to many ». Le message n'est plus élaboré par les producteurs finaux, mais par les utilisateurs finaux. Aussi, l'enjeu aujourd'hui n'est pas d'être le premier à détenir l'information, mais plutôt le premier à la partager. Il a également donné lieu à une explosion de la quantité d'information plus informelle et instantanée.

L'avènement du web social a bousculé la pratique communicationnelle, particulièrement des politiques. Le web social a engendré la désintermédiation de la relation entre l'organisation et sa cible. Outre les médias, la communication politique prend désormais en compte les influenceurs qui ont des audiences largement supérieures aux médias. Cynthia Moos souligne que l'utilisation

[1] Cynthia, Moos, *Les nouvelles stratégies de communication en politique*, Editions Universitaires Européennes, Sarrebruck, 2014, p. 5.

adéquate des médias en politique a toujours été un atout décisif dans une campagne électorale, à l'instar de Franklin D. Roosevelt, qui s'était servi de la radio pour largement diffuser son message aux électeurs ou de John F. Kennedy, qui avait su comprendre la valeur et le pouvoir de la télévision face à Richard Nixon. Ce dernier avait choisi l'envoi de courrier personnalisé pour contrer les médias de masse. Quant à Barack Obama, il a su s'emparer de l'outil Internet pour en faire un outil de démocratie participative.[2] Les candidats à l'élection présidentielle de 2018 avaient aussi su s'emparer de l'outil Internet pour véhiculer leurs annonces et communiquer autour d'eux. Ainsi, nous nous intéressons à travers cette étude à l'usage du web social dans cette campagne électorale de 2018 par les acteurs politiques afin de voir si cette stratégie était appropriée dans le contexte de l'appropriation du numérique par les Congolais.

La République Démocratique Du Congo a franchi le pas au terme d'une transition politique considérée comme fruit de négociations politiques en organisant des élections qui ont été jugées, démocratique et indépendante. Tout est parti de la campagne électorale qui s'était annoncée dans toute la République, à tous les niveaux et états-majors respectifs. En effet, il a fallu pour les candidats présidents de chercher des stratégies pour convaincre l'électeur à travers de bons canaux de communications afin que leurs messages atteignent la cible.

C'est à ce titre que les candidats et leurs partis « ont battu campagne » ; c'est-à-dire qu'ils ont fait leur promotion dans le but de chercher à récolter le plus grand nombre de voix possible tout en élaborant un programme électoral. Parmi ces candidats, nous en avons retenu trois partants de leur regroupement politique, dont le Front Commun pour le Congo (FCC) avec le candidat Emmanuel Ramazani Shadary, le Cap pour le Changement (CACH) avec le candidat Félix-Antoine Tshisekedi Tshilombo et Lamuka avec comme candidat Martin Fayulu Madidi, pour l'élaboration de notre étude.

Il a été constaté en effet que pendant la période électorale, les équipes de campagne des regroupements politiques de ces candidats avaient fait recours aux nouveaux médias pour promouvoir leurs candidats. Le web social devient un déterminant dans la démocratisation politique. Pour ce faire, nous nous sommes préoccupés à savoir comment le web 2.0 a-t-il servi d'outil de campagne électorale pour ces candidats ? Subsidiairement, quel modèle de communication électorale conviendrait pour la RDC, pays où la fracture numérique est grande à l'ère du numérique ?

Les réponses à ces questions se fondent sur la question de la pratique communicationnelle selon laquelle les trois regroupements politiques confrontés au besoin de promouvoir

[2] Ibidem.

leurs candidats et saisissant l'opportunité de l'émergence du web social, avaient su développer des aptitudes à communiquer avec leur cible en utilisant ainsi les outils et stratégies numériques employées en politique. Les politiques pour rester au sommet de la popularité devraient aujourd'hui obéir sans condition aux règles de la présence obligatoire sur les réseaux sociaux et du développement actif de leurs profils. Les trois regroupements politiques en intégrant le web social dans leur campagne électorale n'avaient pas tenu compte de la fracture numérique existante en République Démocratique du Congo, mais elles avaient su profiter d'autres formes de communication complémentaires qu'il offre, dont le partage d'informations, par les leaders d'opinion de bouche-à-oreille qui nous amène vers la conception d'un nouveau modèle de communication.

Comme on l'aura compris, l'objectif n'est pas tant ici de procéder à une analyse exhaustive de tous les aspects communicationnels de cette campagne à travers le web social, mais plutôt de se focaliser sur certains aspects majeurs de deux réseaux sociaux dont Facebook et Twitter et une analyse de l'appropriation du numérique par les Congolais. Une telle démarche nécessite une approche qualitative qui permet de découvrir, d'explorer et de comportement. Quant au cadre théorique, cette étude repose sur la théorie de l'appropriation et de l'usage de TIC.

Investi en amont par la présente introduction générale, en aval, une conclusion générale s'en suivra. Hormis cela, la présente étude s'articule autour de trois points : le premier point est consacré à l'organisation des élections de 2018 en RDC ; le deuxième porte sur l'engagement numérique des trois candidats populaires de la présidentielle de 2018 en RDC ; le troisième point s'attèle à l'appropriation des médias sociaux par les Congolais et le quatrième point s'attache au modèle du tout communicationnel.

1. Organisation des élections de 2018 en RD Congo

De l'enrôlement des électeurs

L'enrôlement des électeurs en République Démocratique du Congo a commencé à partir du 30 juillet 2016 pour construire un fichier de plus ou moins 45 millions d'électeurs. Il a débuté dans la province de Nord-Ubangi comme l'avait précisé le Président de la Ceni s'étendant sur tous les territoires de la République. Selon le Président de la Ceni, au total 46021454 électeurs s'étaient inscrits sur l'ensemble du pays à la date du 29 janvier 2018, dont 24234196 hommes et 21790257 femmes.[3]

[3] République Démocratique du Congo ; La Commission Electorale Nationale Indépendante ; Document Commission Electorale Nationale Indépendante, nombre d'électeurs enrôlés par province.

Enregistrement et publication des candidatures

Dans ce point, il y a deux paragraphes à savoir l'enregistrement des candidatures et la publication des candidatures.

1° Enregistrement des candidatures

L'opération de dépôt des candidatures pour les élections présidentielles et législatives nationales a débuté le mercredi 25 juillet sur toute l'étendue du pays.

2° Publications des candidatures

Conformément à son calendrier, la commission électorale nationale indépendante a procédé le mercredi 19 septembre 2018 à la publication des listes définitives des candidats aux élections présidentielles et législatives nationales, ainsi que pour les provinciales.[4]

Il sied de noter que sur les 25 candidats aux élections présidentielles au départ, après traitement des dossiers et pour divers motifs ; la CENI n'en avait retenu que 19 déclarés recevables auxquels la cour constitutionnelle ajoutera deux repêchés qui concourront à la présidentielle du 30 décembre 2018.

---

[4] Commission Electorale Nationale Indépendante, *document sur l'enregistrement et publication des candidatures aux élections législatives et présidentielle du 30 décembre 2018*
La Constitution de la République Démocratique du Congo évoquant les arrêts de la cour constitutionnelle article 168 ; 72 sur les critères pour être candidat aux élections présidentielles de la République ; article 102 sur les critères pour être candidat aux élections législatives
La loi électorale à son article 27 stipulant que « les juridictions compétentes pour connaitre du contentieux concernant une déclaration ou une liste de candidature ». Alinéas 4 et 5.

Liste des candidats présidents après les arrêts de la cour constitutionnelle et leurs numéros nationaux

Noms des candidats Présidents	Regroupements politiques
Seth Kikumi Masudi	Indépendant n°20018223679
Vital Kamerhe Lwa Kaningnyi NKINGI	UNC n°24161441352
Tryphon Kin-Key Mulumba	Indépendant n°20726639622
Freddy Matungulu	SYNECO n°20101241943
Félix Antoine Tshisekedi Tshi-lombo	UDPS/ TSHISEKEDI n°24393647597
Shekomba Okende Alain Daniel	Indépendant n°20016224072
Radjabo Mbira Kebabho Soborabo	CUC n°20196657207
Fayulu Madidi Martin	LAMUKA (ECIDE)/ D.O n°20005451290
Yves Mpunga Mbomba	PFP n°20005431655
Théodore Ngoyi Ilunga Wa Nsega	Indépendant n°20006838903
Samy Badibanga Ntita	Progressiste n°20236451500
Mba Maluta Joseph	Indépendant n°20023442187
Mokia Modemo Gabriel	MDCO n°20007041500
Ifoku Mputa Marie Josée	AENC n°24028003905
Kazadi Lukenda Pierre Honoré	FPJ n°22731739358
Sylvain Maurice Masheke Nge-rakueyi	Indépendant n°23729395902
Emmanuel Ramazani Shadary	FCC n°22705391717
Francis Mvemba	Indépendant n°2022864521
Mabaya Gizi Amine	ACC n°20715662717
Noel Tshiani Muadiamvita	Indépendant n°20038036254
Charles Diavena Luntadila	Indépendant n°20356238486

Dans son communiqué de presse n°031/CENI-RDC/18, daté du 21 novembre 2018 et signé par Jean Pierre Kalamba Mulumba N'galula, la commission électorale nationale indépendante avait porté à la connaissance de l'opinion nationale et internationale que la campagne électorale pour l'élection présidentielle, les législatives et provinciales commencerait le jeudi 22 novembre sur toute l'étendue de la République et se termine le vendredi 21 décembre 2018, à minuit.[1]

Dans le communiqué, la centrale électorale avait souligné que seuls sont habilités à organiser des réunions électorales sur l'ensemble du territoire, les partis politiques, les regroupements politiques et les candidats indépendants ou leurs délégués. Ce communiqué rappelait le droit et la liberté de réunion, il responsabilisait les organisateurs des manifestations et rassemblements électoraux quant à leur bon déroulement, notamment en ce qui concerne le maintien de l'ordre public et le respect de la loi. De l'affichage électoral, ici concernant l'apposition d'affiches, de photos et autres effigies de propagande électorale pendant la campagne électorale, l'organe en charge de la gestion des élections avait mis en exergue les conditions reprises dans l'article 39 des mesures d'application de la loi électorale qui indiquent notamment que :

- Chaque candidat indépendant, parti ou regroupement politique ne peut installer, à ses frais, à proximité du centre de vote qu'un seul panneau d'affichage ;
- Tout affichage est interdit sur les édifices publics.

De l'appel à la responsabilité au rappel des interdictions légales c'est-à-dire tout en rappelant la libre expression en période de campagne électorale, la Commission Electorale a invité les candidats au sens de responsabilité et à la retenue. Cet appel s'est traduit, dans ce communiqué de presse cité ci-haut par quelques mises en garde sous la forme d'interdictions suivantes :

- Tenir des propos injurieux ou diffamations ;
- Tenir des propos susceptibles d'inciter au mépris envers les tiers, à la haine, au racisme, au tribalisme ou à tout autre fait prévu et réprimé par les lois de la République ;
- Inciter quiconque à commettre un acte de nature à entraîner des violences, des menaces ou à priver

[1] La commission électorale nationale indépendante ; *communiqué de presse n°031/CENI-RDC/18, portant sur le lancement de la campagne électorale et sa date limite sur tout l'étendue de la république.*

La loi électorale par son article 41 portant sur des mesures d'applications concernant les candidats, partis politiques ou regroupement politique.

d'autres personnes de l'exercice de leurs droits ou libertés constitutionnellement garantis.

Par ailleurs, il est interdit aux candidats, aux partis politiques ou regroupements d'utiliser à des fins de propagande électorale, les biens, les finances et le personnel de l'Etat, des établissements et organismes publics et des sociétés d'économie mixte. La Commission Électorale Nationale Indépendante a rappelé dans son communiqué de presse que l'abus des biens sociaux confirmé par un jugement irrévocable entraîne la radiation de la candidature de son auteur ou l'annulation de liste du parti ou regroupement incriminé (article 41 des mesures d'applications de la loi électorale). De la clôture de la campagne électorale ; par le même communiqué la Commission Électorale Nationale Indépendante fixe la date de la campagne électorale qui interviendra le vendredi 21 décembre 2018, à minuit sur l'ensemble de l'étendue nationale. Elle fixe aussi les dispositions à prendre par les candidats, partis politiques ou regroupements politiques à la clôture de la campagne électorale :

- Enlever, vingt-quatre heures avant le jour du scrutin, toutes leurs affiches dans un rayon de 100 mètres du centre de vote ;
- Ne pas distribuer, le jour du scrutin, les manifestes, les circulaires ou documents de propagande ;
- Ne pas porter des habits avec motif, couleur ou logo des partis et effigies de leurs présidents ou candidats sur les lieux de vote.

2. De l'engagement numérique des trois candidats populaires de la présidentielle de 2018 en RDC

L'Internet a été un grand terrain sur lequel s'était jouée la campagne électorale. Théâtre de clashs entre sympathisants des différentes tendances politiques et de propagation de fausses rumeurs, la campagne électorale avait été fortement disputée en ligne, notamment sur les réseaux sociaux. Dans cette partie, nous nous intéressons à la campagne électorale de ces trois candidats à l'élection présidentielle vue de l'Internet et des réseaux sociaux. Le regroupement politique Lamuka était parmi les regroupements politiques congolais qui ont eu lors des élections présidentielles de 2018 à faire recours au web social pour pouvoir communiquer et interagir avec les potentiels électeurs.

Vu de Twitter

Sur Twitter, au-delà du nombre de fans, les commentaires suscités au sujet des candidats à la présidentielle ou à la députation sont également un excellent moyen de mesurer leur notoriété numérique. Sur Twitter, le hashtag #Mafa et #MartinFayulu sont ceux utilisés pour désigner la coalition Lamuka qui soutient la candidature de Martin Fayulu. Quant à #Fatshivit, il désigne celui du duo Tshisekedi-Kamerhe. Et #ERS pour désigner Emmanuel Shadary.

Fatshivit a été repris dans 273 posts par 118 utilisateurs et a suscité 892 commentaires, retweets ou likes et a été vu par 1 113 194 personnes jusqu'au 15 décembre 2018. #ERS a été repris dans 200 posts par 155 utilisateurs et a suscités 236 commentaires, retweet ou likes sur la même période. #Mafa a par contre été repris dans 200 posts par 150 utilisateurs et a suscités 386 engagements sur la même période.

Les cinq influenceurs les plus en vue pour Martin Fayulu sur Twitter sont : Olivier Kamitatu, Robert Mambu, Nsai Monsemvula, le site Cas-info et Gloria Ndjili dont les tweets concernant Martin Fayulu ont été vus par 1 261 990 personnes jusqu'au 15 décembre 2018. Du côté de Félix Tshisekedi, ce sont Michée Mulumba, Jackson Mukunda, Billy Kaniam, le site Voice of Congo et Cap pour le changement qui sont les cinq plus grands influenceurs et dont les tweets ont été vus par 853 592 personnes. Du côté de Ramazani Shadary, il s'agit de Matthieu Kayoka, Paul Ramazani Jiba, Bona Gata, Carol Kabeya Kabuika et Mamy Kanku, dont les tweets ont été vus par 355 843 personnes.

Popularité sur Facebook

Sur Facebook, Félix Tshisekedi dispose d'une grande base de fan (74 087), mais seulement 0.31% d'entre eux interagissent avec ses publications. Martin Fayulu de son côté a un engagement plus important avec 54% de ces 53 421 fans qui se sont exprimés sur ses publications, ce qui représente le plus grand engagement politique Facebook d'un candidat à la présidentielle.

Ce qu'il faudra retenir de tous ces chiffres, est que la coalition portée par Martin Fayulu a sérieusement investi dans le digital pour cette campagne en sponsorisant les publications sur Twitter et Facebook et en investissant dans d'autres plateformes comme Google avec des encarts visibles sur certaines vidéos YouTube.

Du côté de Félix Tshisekedi et de Vital Kamerhe par contre, l'heure en est encore au bouche-à-oreille. Une situation qui est entravée par le changement de l'algorithme de Facebook, qui ne permet pas à leurs publications d'être vues en priorité sans financement. Sur Twitter, seul 28% des internautes originaires de la RDC interagissaient autour de Félix Tshisekedi. Il sied aussi de noter que sur Internet, la popularité de Fayulu avait distancé celle de Shadary et Tshisekedi. Emmanuel Shadary butait quant à lui contre un problème de stratégie dans le digital. Avec 4 à 5 pages ouvertes en son nom et dont la mise à jour n'est pas régulière (la dernière datant du 8 novembre 2018), sa campagne digitale semblait avoir plus de viralités sur WhatsApp. Une portée très limitée également sur Twitter où il était la cible de faux comptes le vilipendant chaque jour.

3. De l'appropriation des médias sociaux par les Congolais

Nous nous concentrons sur ce point à mesurer non seulement l'efficacité de communicationnelle électorale à travers le web social pendant la campagne électorale de 2018, à vérifier comment les Congolais particulièrement les habitants de Kinshasa s'approprient-ils l'Internet, quel usage en font-ils, mais aussi et surtout à savoir comment étaient-ils informés et comment les actualités autour des candidats à la présidentielle de 2018 leur parvenaient?

Telle est la préoccupation du présent point. Nous nous sommes, attelé à nos propres observations et aussi à une étude de terrain faite auprès de l'échantillon de la population Kinoise sur le même sujet dans le contexte de notre mémoire présenté et défendu pour l'obtention du diplôme d'études approfondies en Sciences de l'Information et de la Communication à l'université de Kinshasa.

En effet, les observations et études faites sur terrain[2] fait révèlent qu'il y a des écarts énormes dans l'appropriation et l'usage de l'Internet au sein même de la capitale de la RDC. Tout le monde n'a pas accès à l'Internet et la fracture numérique bat son plein dans la capitale de la RDC. Il existe de fortes disparités au sein de la population, tant dans les usages que dans l'accès aux équipements informatiques. L'hétérogénéité des usages est due en partie parce que les accès à l'Internet et l'équipement en ordinateurs ne sont pas encore généralisés à l'ensemble de la population. Ces disparités dans les taux de connexion à Internet se remarquent dans le chef de différentes catégories de la population Kinoise. Les familles sont très peu équipées et peu connectées et ces différences renvoient à des différenciations sociales que nous pouvons constater d'une commune à une autre. Par ailleurs, des différences subsistent aussi dans la présence d'une connexion à Internet, la qualité de cette connexion, le nombre d'ordinateurs dans des foyers et leur localisation...

Ce ne sont pas seulement les équipements informatiques et les accès à Internet qui présentent des disparités importantes, mais les usages sont également loin d'être uniformes. Ainsi, selon cette étude sur terrain, il sied de noter que l'âge est le premier critère de différenciation pour les pratiques informatiques liées aux loisirs et aux divertissements : la grande partie de nos sujets dont l'âge varie entre 18 ans à 22 ans utilisent l'Internet et manipulent d'autres réseaux sociaux contre ceux qui ont l'âge avancé et qui ne savent pas en manipuler certains. Les usages sont également dépendants de l'âge et les jeunes générations utilisent davantage Internet que les autres. Ceci du

---

2 Tirée du mémoire présenté et défendu par Gloire Kitambala pour l'obtention du titre du diplôme d'études approfondies : enquête menée dans quatre communes choisies dans les districts de Kinshasa dont le district de Tshangu, de Mont-Amba, de Lukunga et de Funa du 26 Septembre 2019 au 06 Mars 2020.

fait que les jeunes générations sont plus équipées en moyens d'accès à Internet et plus connectées à l'Internet que les générations anciennes. Pasquier note ce très fort suréquipement des ménages avec enfants et constate que « les ordinateurs sont certes achetés par les adultes, mais sous la pression des enfants qui en sont les plus utilisateurs, de même qu'ils sont les internautes les plus assidus, en termes de fréquence et de temps passé »[3]. La catégorie sociale est le deuxième critère de différenciation.

Notre étude révèle que l'usage d'Internet dépend fortement du milieu social de la personne ainsi en répartissant l'échantillon de notre étude en segments habitant différentes communes, nous avions bien voulu savoir si l'usage de l'Internet est le même dans tous les milieux sociaux, mais il en résulte qu'il y a des milieux où les gens usent beaucoup de l'Internet alors que d'autres ne l'usent pas. Autre constat est que nombreux l'utilisent plutôt pour communiquer : E-mail, chat, réseaux sociaux (ex : facebook, twitter, etc.), vidéoconférence (ex : skype), forum, blog, sites de rencontre, jouer ou accéder à la musique ou à la vidéo, peu s'en servent pour gérer leur compte bancaire, effectuer des achats de biens et services, rechercher des informations diverses, s'inscrire à un site d'actualités afin de recevoir régulièrement des informations par e-mail… Ainsi, concernant l'usage social des médias, Jouet et Pasquier notaient que la classe sociale marquait « de profonds écarts entre les jeunes appartenant à des familles favorisées qui bénéficient d'un triple accès aux livres, à l'audiovisuel et à l'informatique, et à l'autre extrême, aux jeunes issus de milieux défavorisés, essentiellement immergés dans une culture audiovisuelle »[4].

Ces études montrent que deux réseaux sociaux principaux sont beaucoup utilisés par nos sujets : Facebook et Whatsap. Le troisième réseau social le plus utilisé, Instagram, n'est pas considéré comme tel, mais plutôt comme une plateforme à partir de laquelle les vidéos et les photos sont partagées et demeurent les contenus les plus usuels. Contrairement aux deux principaux réseaux sociaux qui sont utilisés par tous, Instagram est beaucoup usé par les femmes. De même, nous avons remarqué que Twitter est le réseau social qui n'est utilisé que par une certaine catégorie de personnes alors qu'il correspond aux deux réseaux sociaux qui enregistraient le plus d'utilisateurs dans le monde et demeure aujourd'hui parmi les principales applications utilisées par les acteurs politiques. Partant de ce constat, nous pouvons affirmer que l'usage que l'on se fait de l'Internet est différent d'une personne à une autre.

Il résulte que les informations électorales reçues à travers le web

[3] D., Pasquier, *Cultures lycéennes : la tyrannie de la majorité,* Paris, Editions Autrement (coll. Mutations), 2005, p.27.

[4] J., Jouët, et *alii*, *les jeunes et la culture de l'écran ; enquête nationale auprès des 6-17 ans*, in Réseaux, 1999, n°92-93, p.94.

social n'ont pas eu une grande influence sur la population. Comme nous l'avions évoqué ci-haut, les choix des candidats à élire se font sur base de la tribu, de l'ethnie, du village ou encore de la province, la communication électorale de Lamuka en ligne n'a pas eu un grand effet dans la mesure où elle n'a pas vraiment changé l'opinion de beaucoup de personnes. Il s'est avéré que ce n'est d'ailleurs pas tout le monde qui recevait ces informations à cause de la non-accessibilité de tous à l'Internet et aussi à cause de l'usage que les uns et les autres se font de l'Internet. La problématique de l'accès fait l'impasse sur la diversité des usages et de leur incorporation dans des pratiques existantes. Le côté positif relevé dans l'usage des médias sociaux est le partage des informations de bouche-à-oreille et l'influence que certains avaient sur les autres dans le relai d'informations. En s'appuyant sur des données de l'enquête, nous modélisons les différentes actions virales des sujets qui avaient accès à Internet (partages sur leurs murs et ceux de leurs amis, commentaires, posts…) et ceci s'ajoute l'influence des internautes sur le transfert d'information à d'autres personnes.

Il est par ailleurs tout à fait indispensable de ne pas considérer l'apport combien positif du web social dans la sphère politique. L'Internet a réduit les écarts communicationnels qui existaient entre les humains, les regroupant dans un village planétaire[5]. Il a ainsi démocratisé l'accès de tous à l'information en facilitant sa circulation ainsi que sa diffusion dans l'espace et dans un temps record. Cette époque est qualifiée de troisième âge de la communication[6]. Umberto Eco[7] qualifiait d'ailleurs cet engouement autour des réseaux d'Internet de « l'invasion des imbéciles ». Il dit que ces réseaux ont « donné le droit de parole à des légions d'imbéciles qui, avant, ne parlaient qu'au bar, après un verre de vin et ne causaient aucun tort à la collectivité. On les faisait taire tout de suite alors qu'aujourd'hui ils ont le même droit de parole qu'un prix Nobel ». D'où, il y a « internocratie[8] », pour reprendre l'expression de Pierre Bellanger.

4. Modèle du « tout communicationnel »

Notre étude témoigne, à travers les observations faites à Kinshasa,

[5] Etienne, Tshimanga Kutangidiku, *histoire générale de l'information et de la communication*, Notes de cours, G1/SIC, Unikin, 2014, p.5, Inédit.

[6] B., Ben Mansour, « Le rôle des médias sociaux en politique : une revue de littérature ». Regards politiques 1(1), 2017, p.3-17. Disponible en ligne, https://regardspolitiques.com/vol1no1/ consulté le 30/11/2018 à 22 h.

[7] E., Umberto, romancier, sémioticien et journaliste italien, spécialiste du Moyen Âge, 1932-2016. http://www.afrik.com/reseaux_sociaux consulté le 30 novembre 2018.

[8] P., Bellanger, *La souveraineté numérique*, Paris, Stock, 2014, p.17.

que la RDC est un pays où il existe une grande fracture numérique et où l'accès à l'Internet n'est pas facile pour tout le monde. La propagation d'Internet et de ses usages y reste encore très inégalitaire. Le pourcentage d'internautes varie du simple au double en fonction des communes, en raison d'un déploiement des infrastructures de la télécommunication géographi-quement inégal. Contrairement aux Congolais habitant les pays fortement numérisés, où l'on constate un véritable accès pour tous à l'Internet. Les réseaux sociaux et la politique entretiennent un lien étroit qui ne cesse de se renforcer sous l'effet de leurs antagonistes. L'Internet est bien devenu pour les politiques une voie d'accès essentielle à la culture, comme un prolongement du bouche-à-oreille. Volatils, vitaux, rapides et transfrontaliers, les réseaux sociaux s'opposent à l'inertie, à la verticalité et à la hiérarchisation de la politique, une conception horizontale de l'espace public radicalement opposée. Différemment aux postulats classiques érigés sur la formation de l'opinion publique, les médias sociaux renversent indirectement le présupposé de la compétence politique à travers l'horizontalité qui les caractérise dès lors que chaque internaute se voit comme doué pour juger ou émettre une certaine opinion. En ouvrant ainsi une brèche dans la conception traditionnelle, les réseaux sociaux ont changé profondément le rapport des internautes à la politique.

Les hommes et les femmes politiques se sont rendu compte que la bataille ne se passe plus que sur les médias traditionnels. La force de dialogue et de buzz n'est sûrement pas la même que sur le web, où chaque personne peut prendre la parole. Les hommes politiques ont besoin désormais d'une présence multicanal pour écouter les électeurs et prendre la parole. La mise en place de profils des politiques sur des réseaux sociaux les rend accessibles et proches des citoyens. Surtout à l'époque actuelle la présence des politiques sur les réseaux sociaux et leur interaction persistante avec le public deviennent incontournables pendant la course électorale à la veille des élections. Contrairement aux pays fortement numérisés où les nouvelles stratégies de communication politique peuvent faire élire un candidat à l'instar de Barack Obama, la RDC est un pays où il existe une large fracture numérique. Aussi, ce sont les non-internautes qui sont proportionnellement les plus nombreux à se tourner en premier lieu vers la télévision, la radio, la presse écrite pour s'informer en matière politique. Dans le contexte de l'appropriation du numérique par les Congolais, il s'avère très difficile de réussir sa campagne électorale que sur les médias socionumériques.

Aujourd'hui, avec le développement des outils numériques, les politiques se sont vus contraints de modifier leur façon de concevoir les stratégies de campagne. En effet, la campagne de Barack Obama en 2008 illustre bien l'adaptation de l'élite politique à un nouvel environnement communicationnel contemporain qui, jusqu'à ce jour, est en train d'évoluer avec l'avancement technologique. Dans ce sens, un nouveau modèle de campagne appelé campagnes hybrides[9] s'est développé, intégrant aussi bien les canaux de communication en ligne que hors ligne ainsi qu'une entente entre les militants et l'élite qui détient le contrôle de l'organisation et de la mise en œuvre de la stratégie électorale. Autant, la logique des médias en ligne et les moyens traditionnels de campagne coexistent, se complètent et se renforcent réciproquement. Ces campagnes hybrides permettent aux organisations politiques de bénéficier des outils en ligne pour recueillir des données comportementales et démographiques sur les citoyens, pour segmenter et cibler l'électorat, pour collecter des fonds en ligne, mais aussi pour organiser des actions sur le terrain en mobilisant les citoyens.

Quel modèle de communication pour une campagne réussie en RDC ?

Nous inspirant du modèle de Jean Narcisse qui parle des « campagnes hybrides », nous pensons que le modèle qui conviendrait le mieux dans le contexte de notre pays est celui du « tout communicationnel ». A travers ce modèle, les candidats doivent recourir à une stratégie de communication politique adaptée à la cible soit utiliser à la fois tous les canaux de communication en n'arrêtant pas de privilégier les uns par rapport aux autres.

Malgré l'usage des médias sociaux par certains Congolais, il s'avère que ce sont les non-internautes qui sont les plus nombreux à se tourner vers les médias traditionnels afin de s'informer ou vérifier les informations circulant sur les réseaux sociaux.

La RDC est un pays où la majorité de personnes habitant les provinces, les villages n'a pas accès à l'Internet. Nombreux ne savent pas non plus lire ni écrire. Pour atteindre un tel public, il faut recourir soit au porte-à-porte soit communiquer avec leurs leaders d'opinion afin que ceux-ci les influencent. En faisant le porte à porte, même si l'on aborde une personne isolée, c'est en fait une unité enclavée dans une foule imperceptible composée de toutes les personnes qui ont été visitées, qui le sont en ce moment, qui vont l'être par ce qu'ils éprouvent un même ordre d'idées vivant d'un même mythe et surtout par ce qu'elles sont visées par un même organisme. Ce simple fait le rassemble.[10]

Une stratégie réussie est celle d'une campagne totale usant de tous les moyens de communication pour atteindre toutes les couches de la population. L'on ne peut pas réussir une campagne électorale tant que l'on

[9] Andrew Chadwick cité par Bader Ben Mansour, « « Le rôle des médias sociaux en politique : une revue de la littérature », https://regardspolitiques.com/vol1no1/ consulté le 16.02.2020.

[10] J., Ellul, *Propagandes,* Paris, A. Colin, 1962, p. 19.

emploie de façon sporadique et un peu au hasard les outils de communication. Tantôt on use d'un article de journal, tantôt d'une affiche, tantôt d'une émission de radio… Une campagne battue à la capitale Congolaise n'est pas pareille que celle faite dans certains coins des provinces. Les moyens de communication se diffèrent d'un lieu à un autre, d'une ville à une autre et d'une province à une autre à cause d'usage et de l'appropriation de certains médias. Le modèle du tout communicationnel est celui qui utilise tous les moyens de communication qui sont essentiellement : la presse, la radio, la télévision, le cinéma, les affiches, les réunions, les médias sociaux, le porte à porte…

La campagne électorale ne résume pas en quelques réunions et discours, quelques inscriptions sur les murs. Chaque moyen s'adapte plus particulièrement à une certaine forme et tout moyen utilisable comprend son efficacité particulière, spécifique, mais en même temps localisée, limitée : il ne peut suffire à lui seul à attaquer l'individu, à le convaincre, à briser ses résistances, à le décider. Jacques Ellul note que le cinéma n'agit pas sur les mêmes moteurs, n'évoque pas les mêmes sentiments, ne provoque pas les mêmes réactions que le journal. Que chaque moyen précisément comprenne une efficacité limitée à un secteur entraîne la nécessité de la complémentarité de ces moyens évidemment. La parole dite à la radio n'est pas non plus la même, ne porte pas le même fruit, ne donne pas le même choc que la parole dite dans l'entretien personnel, ou la parole du discours public en présence d'une foule nombreuse. Le tout communica-tionnel est la symbiose par complémentarité de tous les moyens de communication auxquels doivent recourir les candidats pour une campagne totale et réussie. Tout moyen technique doit être utilisé dans le sens de son efficacité spécifique, orientée vers tel effet qu'il porte en soi, et par conséquent conjointe avec tous les autres moyens : chacun atteignant l'individu d'une façon particulière, chacun le faisant réagir à nouveau sur le même thème, dans le même sens, mais différemment. Ainsi comme le souligne Jacques Ellul, l'on arrive à ne laisser aucune part de la vie intellectuelle, émotive, sentimentale, en repos ; l'homme est cerné de toutes parts : l'homme et les hommes, car il faut tenir compte aussi du fait que ces moyens ne s'adressent pas tous également au même public.

Le public qui va au cinéma est le même qui se tourne vers les journaux pour la lecture. Les outils de campagne doivent être pilotés en fonction du public et doivent tous être utilisés de façon concordante pour atteindre le plus d'individus possible. Les affiches sont des moyens populaires atteignant ceux qui n'ont pas d'auto. Les émissions radiophoniques sont écoutées dans des milieux évolués. Chaque support s'adapte plus spécialement à une certaine forme. Les réunions publiques, les affiches sont plutôt les instruments qui conduisent à des actions immédiates. La presse tend plutôt à produire des formations de politique générale ; l'instrument d'action internationale et de guerre psychologique est la radio, alors que la presse sera d'usage intérieur. Nous comprenons par ces diverses spécialisations qu'il ne saurait être question de laisser de côté l'un de ces instruments : ils doivent être tous utilisés et combinés afin d'atteindre et d'englober tout l'homme et tous les ·hommes partout dans n'importe quelle ville, cité, village ou province. Nous soutenons que dans le contexte de l'appropriation du numérique par les Congolais, le modèle du tout communicationnel demeure très efficace pour une réussite totale d'une communication politique. Il s'observe que les médias traditionnels sont également les premières sources d'information politique des internautes, y compris des internautes assidus. Aussi, ce sont les non-internautes qui sont proportionnellement les plus nombreux à se tourner en premier lieu vers la télévision, la radio, la presse écrite pour s'informer en matière politique.

Conclusion

Notre étude a porté sur la communication électorale en RDC à l'ère du numérique : étude de la campagne électorale de 2018. A travers la communication, les politiques assurent leur médiation symbolique dans l'espace public au moyen de signes et signaux afin d'interagir avec les médias, les leaders d'opinion, les militants, les électeurs, etc. Etant donné que les politiciens évoluent dans un milieu où il est de plus en plus difficile de se forger une identité propre, ils ont conscience que leur réussite dépend aussi des succès de leur communication. Nous avons procédé à une analyse exhaustive de tous les aspects communicationnels de la campagne électorale de trois candidats favoris à la présidentielle à travers le web social en nous focalisant sur certains aspects majeurs de deux réseaux sociaux dont Facebook et Twitter et une analyse de l'appropriation du numérique par les Congolais. La présente étude s'est articulée autour de trois points : le premier point est consacré à l'organisation des élections de 2018 en RDC ; le deuxième porte sur l'engagement numérique des trois candidats populaires de la présidentielle de 2018 en RDC ; le troisième point s'attèle à l'appropriation des médias sociaux par les Congolais et le quatrième point s'attache au modèle du tout communicationnel.

La révolution numérique : vers un espace public total ?

Henri Mova Sakanyi

La sociologie politique et les sciences de la communication ont bénéficié d'un bond qualitatif dans leurs approches conceptuelles avec l'élaboration par le philosophe allemand Jürgen Habermas du paradigme d' « espace public ». Cet apport de taille à la compréhension et à l'heuristique dans les interactions sociales et politiques, s'érige en un promontoire dans les études cherchant à faire sens avec plus de chance de succès. C'est un véritable modèle théorique qui sert de grille de lecture des rapports dialectiques entre différents groupes d'intérêts au sein de la société. La sphère politique était longtemps demeurée un monopole d'une fratrie corporatiste de la classe aristocratique. Cette caste a vu ses prérogatives péricliter lorsque la bourgeoisie s'était liguée avec les masses populaires pour renverser l'échelle sociale. La révolution qui en est advenue a posé les bases d'un libéralisme qui a établi l'Etat libéral bourgeois. L'Etat bourgeois s'est accompagné de l'avènement de l'espace public où se confrontent les idées des participants de différentes conditions sociales.

Mais en réalité, les masses populaires ayant pourtant mené la révolution avec la bourgeoisie sont exclues de la scène politique, car elles sont considérées comme incapables de toute pensée qui vaille la peine d'être partie prenante à la discussion. Ainsi, se fondant sur les éléments produits par Emmanuel Kant, Jürgen Habermas dégage l'idée de la sphère publique qui devrait être fondamentalement démocratique parce que égalitaire par essence. Pour Kant, en effet, les Lumières se conçoivent comme un moment crucial de la sortie de l'homme hors de l'état de tutelle dont il est lui-même responsable. Les hommes restent dans un état végétatif qui se veut état de tutelle qui constitue l'incapacité de se servir de son entendement sans l'influence d'une autre personne. Les hommes se laissent aller à cette indolence intellectuelle par manque de courage et de résolution, en s'empêchant de recourir à son propre entendement propre.

En son temps, Hume retournera à cette problématique de l'entendement humain à travers son « enquête » qui établissait que l'esprit était d'abord impression et sensation ; que les pensées reposaient sur les sentiments et que l'expérience était le plus grande guide de la vie humaine. C'est également le principe de l'accoutumance, la transition coutumière dans l'imagination. Pour lui, l'instinct était une tendance machinale. L'expérience définissait les limites de notre connaissance critique de la religion. Aussi était-il impossible de défendre la religion chrétienne, la foi étant considérée comme un miracle continu. Cette croyance est ainsi contraire à l'expérience. En bref, il élabora le principe du scepticisme rationnel.

Et pour Emmanuel Kant et pour David Hume, les lumières sonnent le glas de l'obscurantisme, car advient alors l'émancipation intellectuelle qui permet à chacun de penser par lui-même sans le diktat d'une autorité morale, spirituelle ou tout simplement intellectuelle. C'est pourquoi un de mots d'ordre de Kant est « Sapere auda » (ose penser par toi-même) dont il fait la devise des lumières. Il définit par cette maxime la capacité des individus comme des peuples à se conduire en majeurs. Ils quittent ainsi le stade des mineurs qui ont besoin de l'approbation du surmoi et d'un parrainage pour réfléchir et exprimer leurs pensées.

Ainsi, les individus ne s'émancipent que collectivement en tant que publics pour s'éclairer lui-même et non chacun pris isolément. L'Etat constitutionnel bourgeois n'ayant pas apporté la libération pour tout le monde, la bourgeoisie s'arroge seule les prérogatives de la libre discussion dans l'espace public. Les masses des citoyens en sont exclues. Habermas en appelle à la dissolution de la sphère publique bourgeoise du fait que l'Etat est de retour sur la scène avec l'incapacité de la bourgeoisie à juguler les affres des inégalités sociales. Pour réguler la société où sévissaient ces inégalités sociales, l'Etat devient un Etat-social en plus de ses rôles régaliens de police et de sécurité. L'ensemble des citoyens se voient reconnus des droits nouveaux de participation à la discussion publique qui, ce faisant, érige l'espace public. C'est alors qu'advient l'opinion publique qui se fonde sur les principes de la transparence et de la publicité. Par ce biais et en un premier moment, la publicité démystifie la domination politique devant le tribunal public de la raison. Mais de nos jours, la publicité accumule, selon Habermas, les comportements-réponses (réaction aux structurations désavantageuses) dictés par un assentiment passif.

Habermas soutient que la Révolution française avait été le catalyseur d'un mouvement de politisation d'une sphère publique avant tout imprégnée de littérature et de critique d'art. Mais, il pense qu'il en est ainsi en Allemagne de l'époque. Aussi note-t-il, « une 'politisation de la vie sociale', l'essor de la presse d'opinion, la lutte contre la censure et pour la liberté d'opinion caractérisent la transformation de la fonction du réseau de communication publique en pleine expansion jusqu'au milieu du XIXe siècle. »1

L'avènement des médias de masse viendra travestir les relations ainsi établies dans la sphère publique ; notamment en retirant la discussion aux spectateurs et aux auditeurs. L'opinion publique qui était un outil offensif et défensif contre la domination se retrouvera réduite à la portion congrue d'outil de manipulation et de domination entre les mains de l'élite. Pourtant, l'espace public était érigé comme le cénacle de l'argument qui domine doit le meilleur et non celui d'autorité ou les oukases ex cathedra des biens pensants.

L'exclusion dont sont victimes les masses, Habermas l'entend aussi bien à la lumière de l'approche de Michel Foucault qui pose dans le cas de groupes dont le rôle est constitutif dans la formation d'une sphère publique spécifique ; mais également dans le sens différent, moins radical, « quand plusieurs arènes se forment en même temps au sein des mêmes structures de communication, dans lesquelles, à côté de la sphère publique bourgeoise hégémonique, se présentent d'autres sphères publiques subculturelles ou particulières aux classes sous les prémisses propres et qui ne sont pas immédiatement susceptibles de compromis. »[2]

C'est ainsi qu'il fait cohabiter dans un nouveau contexte social le potentiel émancipateur de la sphère publique bourgeoise avec la sphère publique plébéienne dont les caractéristiques sont d'apparaître comme une sphère publique bourgeoise dont les présuppositions sociales ont été suspendues. On se retrouve ainsi dans un pluralisme décidé par cette exclusion, car les couches inférieures culturellement mobilisées et l'existence de la bourgeoisie font apparaître cette pluralisation de la sphère publique dans sa phase de formation. Habermas ne se contente pas d'une description empirique. Il considère une autre dimension de l'exclusion du peuple qui s'opère dans les formes traditionnelles de la sphère publique représentative. A ce niveau, le peuple est présenté comme constituant la coulisse devant laquelle les détenteurs du pouvoir (l'élite en général : les nobles, les clercs, les dignitaires ecclésiastiques, les monarques …) se donnent en représentation. Paradoxalement, Habermas considère que du fait même de son exclusion du pouvoir représentatif, le Peuple est ainsi inscrit dans les conditions mêmes de la constitution de cette sphère publique représentative.

Enumérant les transformations structurelles de la sphère publique, Jürgen Habermas retient trois révisions fondamentales :

---

[1] Habermas, J., *L'espace public*, Paris, Payot, 1993, p. IV

[2] *Idem*, p. V

Les mutations structurelles de la sphère publique s'inscrivent dans le processus de transformation de l'Etat et de l'économie (il s'agit, comme il l'écrit de la construction constitutionnelle de la relation entre une puissance publique garantissant les libertés à une société, comme sphère des échanges économiques);

Dans les conceptions modernes du droit naturel, mais aussi dans les théories sociales de la philosophie morale écossaise, la société civile (civil society) a toujours été opposée à la puissance publique ou au gouvernement (government) en tant que sphère strictement privée ;

Les transformations structurelles de la sphère publique elle-même du fait de l'interpénétration de l'Etat et de la Société. L'infrastructure de la sphère publique s'est transformée avec ses formes d'organisation, de distribution et de consommation d'une production des livres qui se sont élargies, professionnalisées et adaptées à de nouvelles catégories de lecteurs et par la publication des journaux et des revues qui ont également changé dans leurs contenus (Habermas y ajoute l'étude des effets de la télévision dans la nouvelle structuration de la société);

Enfin, Habermas retient que le diagnostic empirique du déclin de la sphère publique libérale et le point de vue normatif d'un « rattrapage » démocratique radical et d'une reconversion de l'interpénétration fonctionnelle de l'Etat et de la société qui se déroule objectivement quasiment au-dessus des têtes des participants.

C'est de cette dernière assertion qu'il tire l'évidence que ces deux aspects se reflètent respectivement dans les conceptualisations opposées de l'opinion publique. Dans la même trajectoire, Pierre Bourdieu fournira un précieux matériau conceptuel en niant l'évidence de l'opinion publique en se fondant sur l'analyse des sondages publiés dans les journaux. C'est ici que se recoupent les deux énoncés d'Habermas et de Bourdieu. Pour le premier, « Dans la théorie normative de la démocratie, l'opinion publique, comme fiction de l'Etat constitutionnel, conserve son aspect d'unicité dans sa dimension contre-factuel. En revanche, dans les analyses empiriques de la recherche sur les médias et de la sociologie de la communication, cette entité s'est dissoute depuis longtemps. »

Pour Pierre Bourdieu, l'un des effets pernicieux de l'enquête d'opinion consiste précisément à mettre les gens en demeure de répondre aux questions qu'ils ne sont pas posés. Il note que plusieurs principes peuvent servir de bases pour engendrer des réponses[3] :

- La compétence politique par référence à une définition à la fois arbitraire et légitime, c'est-à-dire

[3] BOURDIEU, P., « L'opinion publique n'existe pas », in *Temps modernes*, n° 318, janvier 1973, pp. 1292-1309

dominante et dissimulée comme telle, par la politique ;

- « l'ethos de classe » : un système de valeurs implicites que les gens ont intériorisé depuis l'enfance et à partir duquel ils engendrent des réponses à des problèmes extrêmement différents ;
- L'effet d'imposition de la problématique dominante (les questions que posent les enquêteurs ne sont pas nécessairement les questions que se posent les individus) ;
- L'effet de politisation que produit la crise ;
- L'opinion mobilisée n'est pas considérée comme la meilleure base pour obtenir les réponses reflétant ce que les gens pensent réellement. Ainsi, certaines catégories n'accèdent pas au statut d'opinion, car leurs discours prétendants à la cohérence ne permettent pas de conclure valablement.

On voit toute l'importance que revêt la constitution du concept d'espace public comme agrégat qui s'est cristallisé selon l'évolution de la société. Pour le besoin de cette réflexion, nous le tenons comme un fait social. Sur le même modèle de filiation académique entre Emile Durkheim et Marcel Mauss (l'ironie du sort avait fait que les deux soient aussi proches parents dans le sens social et sociologique du terme), nous voulons chercher appui sur la grille habermassienne pour ériger une superstructure conceptuelle : la notion d'espace public total. En effet, Durkheim avait introduit dans le lexique de la sociologie et des sciences sociales, la notion de faits sociaux en le définissant comme des phénomènes extérieurs aux individus, à travers lesquels la société impose aux individus en question une influence contraignante. A son tour, Marcel Mauss prolongera la réflexion pour considérer que certains faits sociaux étaient totaux. Dans son acception, le « fait social total » est tout fait à travers lequel s'expriment à la fois et d'un coup toutes sortes d'institutions : religieuses, juridiques et morales – et celles-ci politiques et familiales en même temps ; économiques – et celles-ci supposent des formes particulières de la production et de la consommation, ou plutôt de la prestation et de la distribution ; sans compter les phénomènes esthétiques auxquels aboutissent ces faits et les phénomènes morphologiques que manifestent ces institutions. »[4] Pour illustrer ce concept, Marcel avait entrepris une analyse magistrale du don.

Sur les mêmes travées abrasives puisant de la philosophie d'Habermas et de la sociologie de Bourdieu, nous osons établir la notion d'espace public total à partir de l'analyse de l'espace public rendue par Jürgen Habermas. En effet, l'architecture du système international actuel

[4] Mauss, M., *Essai sur le don*, Paris, Payot, 2021, pp. 15-16

démontre une globalisation qui non seulement accélère le temps, mais surtout met en connexion quasiment tous les éléments constitutifs de cet ensemble hétéroclite pour dégager une réalité nouvelle. Cette réalité a suggéré plusieurs approches conceptuelles autour de la mondialisation, de la globalisation économique, de la fragmentation politique, de glocalisation (combinaison du global et du local), etc. Le tournant est évident et personne ne nie ce temps mondial ainsi que cette structuration totalisante et globalisante du système international.

Saskia Sassen souligne que « la globalisation économique, politique et culturelle est processus transnational. Elle pose donc aux sciences sociales une série de défis d'ordre théorique et méthodologique. Le global – qu'il prenne la forme d'une institution, d'une pratique décousue ou d'une création imaginaire – transcende le cadre exclusif des Etats nationaux en même temps qu'il investit des institutions et des territoires nationaux. »[5]

Dans plusieurs domaines de connaissance, il s'érige des nouvelles dimensions de la recherche : politique globale[6], macroéconomie mondiale[7], histoire globale[8], sociologie globale[9], la futurologie[10], etc. Le penser global s'impose comme un nouvel horizon auquel nul n'échappe qu'à son détriment. Il s'agit d'un véritable nouvel espace intellectuel qui oblige les sciences sociales à transformer leurs modes d'approches. Les plus spectaculaires des changements qui contraignent à cette évolution sont, selon la comptabilité non exhaustives de Craig Calhoun et Michel Wieviorka, ceux qu'on peut résumer « de façon commode sous deux expressions : la globalisation, d'une part, et, d'autre part, l'individualisme, deux logiques qui, à elles deux, balisent l'espace à l'intérieur duquel la recherche est de plus en plus appelée à se mouvoir. »[11]

En matière de communication, la question avait déjà suscité de l'intérêt auprès de plusieurs chercheurs. Dans son livre The Medium is the Message, Marshall Mac Luhan avait déjà posé les fondations du village planétaire (global village). Il y défendait notamment l'idée selon laquelle les moyens de communication audiovisuelle modernes (télévision, radio, etc.) mettaient en cause la suprématie de l'écrit. Etant donné que l'évolution du monde démontrait un indéniable processus d'unification, avec

[5] Sassen, S., *La globalisation. Une sociologie*, Paris, Gallimard, 2009, p. 9

[6] Baylis, J et al., *The Globalization of World Politics*, New York, Oxford University Press, 2011 et Heywood, A., *Global Politics*, New York, Palgrave Foundations, 2e éd., 2014

[7] Dicken, P., *Global Shift. Mapping the Changing Contours of the World Economy*, Londres, Sage Publications, 5e éd., 2007

[8] Amin, S., *L'histoire globale. Une perspective afro-asiatique*, Paris, Les Indes savantes, 2013

[9] Sassen, S., *op. cit.*

[10] Laszlo, E., *Virage global*, Paris, Les Editions de l'Homme, 2002

[11] « Manifeste pour les sciences sociales », in *Socio*, n° 01, 2013, pp. 5-40

une information véhiculée par des médias de masse qui fonde les micro-sociétés en une seule : le village planétaire. Il promettait l'avènement d'une seule culture qui symboliserait ce village global, constitué en une seule communauté. Mais l'expression de village planétaire qu'il avait utilisée en 1969 sera peaufinée dans son œuvre intitulée, pour comprendre les médias. Et c'est là qu'il annonçait l'avènement du village planétaire. Le titre d'origine était Peace and War in the Global Village, il annonçait que le monde s'acheminait vers un horizon d'un village global du fait des médias. A l'époque, les Etats-Unis étaient engagés dans une ruineuse guerre au Vietnam et s'efforçaient de convaincre son opinion publique pour adopter les points de vue favorables à la guerre. Cette « guerre de la télévision » avait convaincu Marshall Mac Luhan du caractère inéluctable de l'avènement du village planétaire. C'était également la grande première de la conquête de l'espace avec le succès d'Apollo XI qui avait « aluni » et l'événement fut diffusé en « mondovison ».

Plusieurs années plus tard, le monde vécut d'autres événements qui cautionnaient la prophétie de Mc Luhan. C'est notamment le cas de la chute du mur de Berlin qui permit une sorte de réunification idéologique et géopolitique du monde. La chose était tellement inattendue que plusieurs études proliférèrent dans le sens de prédiction allant juste jusqu'à suggérer la fin de l'Histoire et l'avènement du dernier homme (Francis Fukuyama). L'ancien vice-président des Etats-Unis n'y alla pas non plus de main morte pour annoncer l'ère de la société de l'information. Il estimait qu'il était devenu possible de mettre à la disposition de toute l'humanité à n'importe quel lieu du monde toute information dont chacun avait besoin. D'autres n'hésitèrent pas à parler de la nouvelle économie. On opposait les valeurs boursières des produits numériques et les valeurs de la production des biens et services traditionnels. On parlait certes de valeurs Bears (ours, comme tendances baissières du marché) et de valeurs Bulls (taureaux, tendances haussières du marché). Mais on parlait également des valeurs gazelles pour symboliser les PME très dynamiques, surtout dans le monde du numérique et d'autres valeurs innovantes.

Les transformations induites par le numérique étaient époustouflantes et dépassaient toutes les prévisions. Ernest Laszlo estimait que nous traversions une époque de profondes transformations, une époque où notre civilisation entamait un changement de cap dont les indices et les manifestations étaient omniprésents : « En intégrant la production, le commerce, les marchés financiers et la communication, la mondialisation provoque un ressac social et écologique »[12], écrira-t-il.

En effet, la popularisation d'Internet impacta plusieurs domaines de la vie sociale au point d'en modifier les

[12] Laszlo, E., *op. cit.,* p. 23

bases existentielles et les règles fonctionnelles. Ainsi Laszlo concevra-t-il la notion de virage global pour signifier une évolution en totale rupture avec les précisions logiques induites par la linéarité historique. Pour lui, « Compte tenu du caractère insoutenable de nombreuses tendances et de nombreux systèmes de notre monde moderne, la puissance d'action de notre évolution future ne correspondra pas à la linéarité d'une extrapolation traditionnelle, mais bien à la non-linéarité du chaos propre à l'évolution des systèmes complexes. »[13]

La question est loin de faire l'unanimité. Le débat est encore vif et on croit savoir qu'il est appelé à durer pendant toute la génération actuelle. En effet, deux camps se distinguent sur la problématique du numérique et de la « révolution digitale » qu'elle aurait induite. D'une part, on note le côté optimiste des choses et les partisans enthousiastes de la « révolution copernicienne » qu'aurait provoqué l'intrusion du numérique dans les différentes trames de la société. De l'autre, persiste le camp de ceux qui n'y voient pas autre chose qu'une évolution linéaire et lente comme à l'accoutumée, la technologie est à l'œuvre et s'alignerait sur des changements qui ne seraient en rien révolution, car aucune disruption n'est observée pour affirmer que le numérique aurait la même valeur transformatrice de la société comme il en fut le cas pour les autres révolutions industries.

Alain Minc, préfaçant le Dictionnaire politique d'Internet et du numérique écrit : « Ce dictionnaire est la démonstration que l'Internet n'est pas un simple segment de la réalité. Il est la réalité. Comme toutes les révolutions technologiques, il déplace les lignes en économie, faisant naître de nouveaux produits, donc une nouvelle demande améliorant la productivité des entreprises, donc l'offre. Mais à la différence des deux grands bouleversements qui l'ont précédé, la machine à vapeur et l'électricité, il exerce bien au-delà de la sphère économique. C'est pour l'univers culturel, un ébranlement à la mesure de l'invention de l'imprimerie et de la découverte, en peinture, de la perspective. Livre, cinéma, musique, télévision, théâtre, arts plastiques : l'onde de choc va les atteindre les uns après les autres. C'est, de même, pour le jeu démocratique, un séisme. A cause de l'impact sur les contre-pouvoirs, la presse en tête. A cause de l'espace incroyablement ouvert à l'opinion publique. A cause de l'accélération des réactions, des émotions, des prises de position, qui transforme l'exercice du métier politique. Il faut désormais, au point où en est le net, poser la question à l'envers : quelle est l'exception ? Quel est le domaine immunisé face à l'influence de l'Internet ? L'archéologie ? L'agriculture ? La numismatique ? Toutes les activités sont, d'une manière ou d'une autre, concernées. Les religions alors ? La théologie et les rites ne sont pas encore concernés, mais la vie des

---

[13] *Ibidem*, p. 28

communautés religieuses est déjà affectée, comme celle de toutes les communautés humaines. Dès lors que l'Internet fait corps avec la réalité, l'inquiétude se manifeste comme pour tout changement technologique, par le caractère bienfaisant ou malfaisant de son action. »[14]

De l'autre côté se positionnent les pessimistes qui ne sont pas particulièrement emballés par l'avènement du numérique pour se risquer à le qualifier du tonitruant terme de révolution. C'est le cas de Jobic de Calan et de Jérôme Cauchard. D'entrée de jeu, ils brocardent le recours abusif à la notion de révolution pour qualifier l'avènement du numérique. Ils rappellent d'autres allusions malheureuses concernant le « tout révolutionnaire ». Ils citent Sergio Leone qui disait de la révolution qu'elle était la confusion. Ainsi, pour eux, « notre époque est confuse, pauvre et riche, banale et ambitieuse, inquiétante et exaltante, troublée et calme (...) L'usage abusif et incessant du mot révolution traduit souvent plus un besoin de frénésie qu'une réalité. »[15] Fustigeant cette boulimie rhétorique, ils condamnent l'usage intempestif et impropre de l'expression « révolution digitale ». Il s'agit d'un mythe dans leur entendement. Ils invitent à regarder au-delà du mythe révolutionnaire.

Pour le démontrer, ils citent un certain nombre d'exemples qui illustrent que nous vivons encore dans la queue de cette révolution commencée après la Seconde Guerre mondiale. Il n'y pas d'éléments tangibles d'une prétendue quatrième révolution industrielle. Pour, « nous assistons avant tout à une transformation lente dans une époque immédiate et impatiente qui a oublié que les hommes ne changent pas à coups d'injonction, mais par la convergence de nombre de facteurs, sociétaux, économiques, juridiques et culturels. Nos usages se transforment, mais les fondamentaux restent. »[16] Il s'agirait à leurs yeux, d'un déplacement de valeur plutôt que d'un accroissement global de celle-ci.

Tout compte fait, l'avènement du numérique sonne le glas de l'ancienne société hiérarchisée et organisé sur le modèle bottom-top. La verticalité s'en trouve chahutée et l'horizontalité ainsi que le réseau gagnent en envergure. Avant d'en arriver à un soutenir l'idée d'un changement de paradigme avec l'âge du numérique, Gilles Babinet ne s'empêche pas d'émettre quelques doutes. Il estime qu'énoncer que le numérique – un ensemble de technologies qui se matérialise pour le plus grand nombre d'entre nous par le biais de nos smartphones – puisse avoir un impact déterminant sur le développement de l'humanité et en infléchir le

---

[14] *Dictionnaire politique d'Internet et du numérique. Les 66 enjeux de la société numérique*, La Tribune

[15] Calan, J. et Cauchard, J., *Remède contre l'hystérie numérique. Pourquoi la « révolution digitale » n'est pas une révolution,* Paris, Robert Laffont, 2019, p. 13

[16] *Ibidem*, p. 15

cours paraît disproportionné, face à des enjeux démesurés, pris dans un emballement qui a toutes les apparences d'être incontrôlable. »[17]

Mais tout de suite l'évidence revient à la surface et les observations de l'empirie et les transformations conceptuelles se chargent de rappeler le rythme de l'évolution du monde suite aux déferlements des technologies de l'information et de la communication. On serait donc passé de l'image d'Epinal à l'apocalypse et à l'accélération du temps. Il avoue qu'il est envisageable que nous soyons au début d'une révolution d'une ampleur unique, « restera dans l'histoire comme un changement de paradigme majeur pour l'humanité. » Parce que le numérique présente un tel potentiel qui pulvérise les données de notre perception, qu'il s'agisse de l'espace, du temps, de la vitesse, de la distance, des échanges, etc., il n'est pas exagéré de parler de révolution. La rupture est plus qu'épistémologique, car elle implique un véritable changement de monde. On est tellement moulés dans cette atmosphère que l'on ne sent pas les transformations autant que l'homme ne sent ni la rotation de la terre autour d'elle-même et la translation lorsqu'elle tourne autour du soleil.

Autant que le feu avait changé du tout au tout la vie de l'homme tant l'énergie cinétique a connu depuis plusieurs applications, autant l'écriture, ou mieux l'invention de l'imprimerie avait chamboulé toute l'organisation sociale, allant jusqu'à entraîner des révolutions, voire à des remises en cause des absolus du monde religieux. Le doute de Gilles Babinet se dissipe et il se livre : « La révolution numérique pourrait compter parmi les trois grandes inflexions de l'humanité, au même titre que l'invention de l'écriture par la civilisation sumérienne – qui entraîna le développement des villes, des routes et remises à grains – qui rendit possible l'émergence des Lumières. »[18]

C'est ainsi qu'il défend la thèse d'une rupture de paradigme majeure pour l'ensemble de l'humanité. En effet, « la distribution très massive du savoir et des techniques de santé, l'émergence de la robotique, le changement de dimension des Etats, sont quelques-unes des notions fondamentales qui seront appelées à changer le cours de l'humanité. »[19]Tous les secteurs de la vie en sont influencés au point que nul n'est censé vivre dans le monde moderne sans avoir des connexions avec le monde numérique. D'ailleurs, il serait maladroit de poser l'équation de cette manière, car il se fourvoierait à penser que le monde numérique est un monde à part quoique voisin du monde réel. Pourtant, aujourd'hui, il s'agit du monde qui admet l'interpénétration entre le réel et le virtuel. Les nouvelles technologies permettent de vivre dans un nouvel espace qui

---

[17] BABINET, G., *L'ère numérique, un nouvel âge de l'humanité*, Paris, Le Passeur Editeur, 2014, p. 27

[18] *Idem*, p. 32

[19] *Ibidem*, p. 33

supplante, conditionne et dirige de plus en plus le monde matériel ancien.

Comme dans un jeu de dominos, les changements se télescopent et entraînent d'autres changements qui en induisent d'autres changements à un rythme toujours plus rapide. Tous les métiers s'en trouvent modelés sur le standard numérique qui, en réalité, est une digitalisation et un chiffrement de la réalité. Tout est rendu en chiffres et tout se passe entre le binaire (0 et 1).

Alice Antheaume se pose la question de savoir ce qui a changé le numérique au journalisme. Sa réponse est cinglante autant qu'elle est courte : « Tout ». La garde journalistique établie avait d'abord crié au braconnage que venait effectuer le journalisme du web avant de se raviser et se rendre à l'évidence. Avec les années, elle note que les rapports de forces entre services numériques et les autres s'inversent. Illustration : « au Guardian, notre état d'esprit est digital first (le web d'abord) » confie son directeur d'alors, Alan Rusbridger, dès 2012. « Nous sommes devenus un site Web géant avec, à côté, une petite équipe print. » Mieux les rédactions prétendent désormais être mobile first (le mobile d'abord) (…) Le Monde, Le Figaro, Libération, l'Express, l'Obs : toutes ces rédactions tendent vers des modèles dits « fusionnés », c'est-à-dire dans lesquels les journalistes travaillent à la fois pour le papier et le numérique, et pourquoi pas, demain, pour le service vidéo. »[20]

La prégnance du numérique sur la société globale est telle qu'il en est devenu le principal moteur. On est un tel point que l'on parle de plus en plus de la « siliconisation du monde ». Le silicone (nom anglais du silicium) est l'élément chimique atomique 14 –Si-, qui en même temps un semi-conducteur utilisé en électronique dans la fabrication des transistors et les panneaux solaires photovoltaïques ; ainsi que son dérivé géographique (le Silicon Valley, en Californie) symbolise le monde moderne dominé par le numérique. Le monde entier cherche à posséder la technologie qui met en exergue le numérique à travers ses composants tel le silicone. Et la Californie sert de modèle et devient véritablement le Golden State, au-delà de ses attraits anciens (Hollywood, Disneyland, urbanisation particulière, la tolérance sexuelle, etc.). C'est surtout à travers la Silicon Valley que la Californie joue le rôle d'attrait mondial et tout le monde en veut un sur son territoire.

En effet, la Californie avait compris bien avant les autres, vers le milieu de la première décennie du nouveau siècle, « que l'économie du présent et de l'avenir serait celle de l'accompagnement algorithmique de la vie, destiné à offrir à chaque être ou entité, et à tout instant le meilleur des mondes. » C'est là qu'a éclos et

---

[20] Antheaume, A., *Le journalisme numérique*, Paris, Sciences Po Les Presses, 2016, pp. 17-18

prospéré en premier le libéralisme numérique. Il en est sorti l'esprit de Silicon Valley qui a engendré « une colonisation – une siliconisation. Une colonisation d'un nouveau genre, plus complexe et moins unilatérale que ses formes antérieures, car une de ses caractéristiques principales, c'est qu'elle ne se vit pas comme une violence subie, mais comme une aspiration ardemment souhaitée par ceux qui entendent s'y soumettre. Adhésion planétaire que n'a pas délibérément cherché à susciter la Silicon Valley, s'en accommodant en quelque sorte, voyant à la fois émerger une concurrence mondiale et l'élargissement bienvenu d'une logique qu'elle a inspirée, susceptible in fine d'amplifier davantage son rayon d'action. »[21]

La Silicon Valley apparaît comme la capitale du monde moderne, car elle est le siège de principaux moteurs qui poussent l'évolution de l'espèce humaine à travers les prouesses de la technologie. Sur ses terres bourgeonnent les majors de nouvelles technologies de l'information et de la communication. Elle est en le berceau. Elle a vu naître et prospérer Google, Apple, Facebook, Amazon, Uber, Netflix, Yahoo, Twitter, Youtube, etc. Elle incarne le succès de la technologie telle qu'elle a influencé toutes les strates et tous les recoins des activités humaines. La frénésie innovatrice trouve dans l'activisme technologique de la Silicon Valley une concrétisation qui place la technique au cœur des valeurs cardinales du monde. On peut partager les mises en garde et les préconisations de Jacques Ellul sur le « bluff technologique ». On peut également être effaré devant le spectacle des dégâts que la technologie cause aux autres valeurs de la société. Mais, le réalisme conduit à faire le constat de sa puissante influence sur tous les secteurs de la vie.

Il est indéniable que la technologie comporte des aspects positifs dans ce dont elle allège la tâche de l'homme en proposant des solutions plus rapides et plus performantes. En écourtant les procédures de mise à disposition des biens et services nécessaires à la vie de l'homme, la technologie permet le développement des conditions humaines ainsi que la satisfaction des besoins humains. Il en serait tout autrement pour les 8 milliards d'êtres humains vivants aujourd'hui dans le monde si la technologie n'était pas si performante.

Néanmoins, il faut raison garder et constater avec Jacques Ellul que nous sommes pris dans un gigantesque bluff, celui d'un discours sur les techniques qui induit en erreur. Les comportements des hommes en sont affectés au point de se laisser guider par la technique là où l'homme aurait dû garder ses prérogatives de commandement. On voile les aspects des techniques à travers ce bluff en rendant la technique de

---

[21] Sadin, E., *La siliconisation du monde. L'irrésistible expansion du libéralisme numérique*, Paris, Editions l'Echappée, 2016, p. 24

raison dernière implicite et inavouée en situation de raison dernière et avouée. C'est ainsi pour décrier ce bluff, Jacques Ellul écrit : « Le bluff consistait essentiellement à réordonner toute chose, de façon exemplaire et proclamée, en fonction du progrès technique, qui dans sa prodigieuse diversification offrait à l'homme dans toutes les directions des possibilités tellement variées qu'il ne pouvait songer à quoi que ce soit d'autre. Le discours tenu sur la technique était un discours non pas de justification (elles n'en ont pas besoin), mais de démonstration de prodigieuse puissance, diversité, réussite, de l'application vraiment universelle et de l'impeccabilité des techniques. »[22]En effet, la technologie ou la technique reste ambivalente. Elle divise les hommes entre les optimistes et les pessimistes. Les premiers se prosternent devant elle et lui vouent un culte révérencieux, les seconds lui attribuent tous les méfaits de la vie moderne et certains se promettent de lui mener un combat sans merci.

On a l'impression que la technique a imprégné de son aura toute la vie et aucun détail du monde ne lui échappe. On la déifie après l'avoir réifiée. Même en parlant de l'homme, on débouche sur le discours concernant la machine. On en est au point que tout discours sur l'homme est un discours sur la technique. Celle-ci semble jouir d'un primat sur l'homme. Ellul s'en indigne et indexe, par exemple, des ouvrages pourtant destinés à nous rassurer sur l'homme, mais qui finissent par parler que de la technique. On y vit un paradoxe : l'homme est élevé très haut, mais en temps, la technique semble le supplante au point de donner l'impression que les auteurs sont plus technocratiques qu'humanistes. C'est le cas de L'Homme, notre dernière chance de Julian Simon où se déroule une belle histoire sur l'homme, mais qui ne comporte que de la technique. C'est également le cas de Michel Poniatowski qui, dans Les Technologies nouvelles (avec comme sous-titre : La chance de l'homme). Chez plusieurs auteurs, on a l'impression que l'homme n'était pas tout à fait un homme tant que la technique ne l'avait pas fait évoluer. On intervertit les rôles : l'homme semble être soumis à la machine et non l'inverse. C'est pourquoi, Jacques Ellul accuse ce penchant qui pousse à croire que la technique et surtout les « technologies nouvelles » apporteraient une chance inespérée à l'homme. On laisse pense que tout le mouvement technique nous mènerait droit vers un « plus homme », non pas seulement comme supplément, mais comme un accomplissement. Le transhumanisme a versé dans les mêmes travers.

Ces précautions ainsi établies, nous pouvons constater que les technologies de l'information et de la communication ont réussi à matérialiser les promesses d'unification du monde dans une certaine mesure,

---

[22] Ellul, J., *Le bluff technologique*, Paris, Fayard/Pluriel, 2012, p. 26

sans enrayer totalement les différences nécessaires dans un certain nombre de secteurs de la vie des communautés partageant la surface de la terre. En effet, le fameux temps réel permet de faire vivre les mêmes événements à l'ensemble de la démographie mondiale même si les hommes n'accordent pas le même sens à ces événements. De ce point de vue, il existerait bel et bien un temps mondial, mais également une géopolitique différenciée des grilles de lecteurs des phénomènes qui s'internationalisent par essence. On ne peut donc pas céder allégrement à la fameuse promesse merveilleuse d'un progrès continu d'une félicité eschatologique.

Les élaborations théoriques du temps mondial et des lectures diversifiées des événements mondiaux trouvent dans l'éclosion titanesque des technologies de l'information et de la communication, une concrétisation indéniable. « Il y a des moments, écrit Zaki Laïdi, où les sociétés humaines nourrissent le sentiment collectif de renégocier sur le mode de l'accélération, leur rapport au temps et à l'espace. C'est ce moment que nous appelons temps mondial. Ce qu'il dégage avant tout, c'est l'idée qu'il existe une nouvelle dynamique du monde faite d'enchaînements de faits et de situations inédites qui incitent à croire et à penser collectivement que rien ne sera plus comme avant. »[23]

Mais le sens n'est pas le même et partout, en tout temps. Chaque culture possède sa grille de lecture, ses œillères, ses perceptions, ses clichés, ses stéréotypes, ses sentiments, ses émotions, etc. Si le monde s'unifie au travers les moyens technologiques de communication, l'universalisme semble s'être essoufflé il y a fort longtemps. L'internationalisme n'a plus le même contenu alors que plusieurs peuples sortent laborieusement des plusieurs siècles de domination et émergent pour retrouver une petite place au coin du feu. Même la mondialisation, passée les premières années d'euphorie, apparaît comme un horizon inquiétant, même pour les peuples qui se targuaient d'en avoir été les pionniers et thuriféraires.

Zali Laïdi écrit à juste raison que le grand défi de la mondialisation découlerait de la difficulté à l'objectiver, à la représenter, à y investir personnellement, affectivement ou collectivement, autrement que par nécessité économique. Il regrette qu'aucun acteur politique, social ou économique ne se porte volontaire pour expliquer et proposer un entendement à hauteur d'homme fin de faire avancer un projet capable de rendre intelligible la mondialisation et maintenir la sérénité des hommes qui s'efforceraient alors de l'intégrer dans un projet collectif, et, ainsi lui assigner une certaine positivité.

En tout état de cause, l'humanité ne serait plus en quête d'un but, cherchant à parcourir la distance séparant

---

[23] Laïdi, Z. (dir), *Le Temps mondial*, Paris, Editions Complexe, 1997, p. 11

l'expérience de l'attente. « Nous nous trouvons contraints, sous le poids de la nécessité, mais non sous celui de la finalité, de nous mouvoir, de circuler, de communiquer sur un espace mondial où non seulement il n'y aurait plus d'attentes, mais où, de surcroît, le champ de l'expérience se trouverait en permanence retourné par la vitesse à laquelle nos pratiques, nos savoirs ou nos métiers se trouvent frappés d'obsolescence. La distance qui séparait l'expérience (ce qui l'on fait) de l'attente (ce à quoi l'on aspire) et donnait ainsi sens à des projets collectifs n'existe plus, comme si notre projection individuelle ou collective dans le temps mondial – dominé par la logique de l'instantanéité – rendait caduque l'idée même de projet. »[24]

Malgré ce panorama bigarré, le monde s'unifie en certains points du fait des médias de masses et de différentes plateformes informatiques qui font participer la majorité des occupants de la surface terrestre aux mêmes dynamiques et aux mêmes soubresauts. De ce point de vue, le monde serait devenu plat, selon l'expression de Thomas Friedman (The World is flat). Pour lui, la puce et l'olivier symboliseraient mieux l'évolution du monde actuel. L'effondrement des murs ne renseigne pas uniquement sur les écroulements physiques des barrières entre les hommes. Le microprocesseur est entré dans la phase de l'immunodéficience. Pour lui, le microprocesseur symbolise tous les marchés mondiaux, les institutions financières et les technologies nouvelles qui nous permettent d'améliorer sans cesse nos conditions de vie. »[25]

L'information s'est démocratisée au point de faire tomber les murs. Tout cela entraîne un changement dans la manière de regarder le monde. Cette démocratisation de l'information a bouleversé les données dans tous les secteurs, notamment dans le monde de la finance internationale. Les actions et les obligations changent de mains en un clic de souris d'un coin à l'autre du monde entier à travers des ordinateurs personnels à domicile. Les transactions financières n'ont plus de besoin de rencontres physiques dans les lieux où sont logées les grandes bourses du monde. Le virtuel et le télétravail propulsent les offreurs et les demandeurs dans des contacts équivalant à des milliards de dollars d'actions et obligations échangées.

Il y a quelques années, Gilles Babinet pensait que cinq secteurs connaîtraient des mutations époustouflantes pour ensuite bouleverser notre vie sur terre. Suite à ce constat, il affirme que l'histoire retiendra que c'est le développement des technologies de l'information qui aura été à l'origine de la révolution la plus radicale qu'ait connue l'humanité. Il fonde cette évidence sur le fait qu'on

[24] Laïdi, Z., *Un monde privé de sens*, Paris, Fayard, 1994, p. 24

[25] Friedman, T., *La puce et l'olivier. Comprendre la mondialisation*, Paris, Nouveaux Horizons, 2001, p. 43

aurait atteint «la singularité technologique» ou « l'instant singulier » du mathématicien John von Neumann qui, en 1950, pensait qu'à ce stade-là, les machines sont devenues si puissantes « qu'elles agissent profondément sur le cours de l'histoire humaine, sans retour possible. » beaucoup de choses qui relevaient, il y a peu de la science-fiction, sont devenues des gadgets qui agrémentent notre quotidien sans qu'on n'y porte trop attention.

Pour Babinet, les cinq mutations impulsées par les technologies de l'information et de la communication sont : la connaissance et les gains d'opportunité, l'éducation, la santé, l'industrialisation (la production) et l'Etat. Pêle-mêle les avancées et questionnements suivants seront vécus par les terriens avec l'avènement des machines intelligences qu'offrent les nouvelles technologies de l'information : l'accélération de la diffusion de la connaissance, les gains d'opportunité pour la multitude, la connaissance collective, le crowd et la cocréation, les data et les big data, tous pourraient devenir des chercheurs et des développeurs, la connaissance distribuée serait un challenge pour les Etats. L'éducation entrera bientôt dans l'ère de la seconde révolution, après celle de la gratuité de l'éducation inaugurée par le système russe, on s'interrogera sur 'apprendre à apprendre ou empiler des savoirs, voire la fin des diplômes. La santé verrait l'effondrement du modèle que nous connaissons, le dossier médical personnalisé, le Quantified self, le bon génie génétique, la médecine cocréée, le biohacking, … L'industrialisation ferait encore faire des bonds prodigieux à la production, l'industrie s'entendrait comme une plateforme, la désindustrialisation, la délocalisation et la productivité connaîtraient de nouvelles séquences, les robots prendront encore les places des hommes, il faudra trouver une place pour le travail dans la société. L'Etat sera contraint aux défis suivants : collaborer avec les citoyens de la représentation à la participation, l'Open data et le gouvernement, l'Etat, les data et les citoyens, l'Etat comme source d'innovation, Innover au sein de l'Etat, insuffler une culture de l'innovation par des pratiques publiques, l'avènement de l'ère de la coopération.

Les médias avaient déjà joué un rôle de conditionnement voire de manipulation au sein des masses au point de perturber l'ancien espace public. Avec l'avènement de technologies plus performantes, les moyens de communication deviennent carrément des outils de déstabilisation massive des certitudes surannées. Plus rien ne se juge à l'aune d'anciens critères tant les données de base ont connu une présentation différenciée du fait de nouvelles connaissances acquises grâce aux technologies innovantes. L'organisation de la société s'en est trouvée affectée au point de s'obliger à de fréquents ajustements. La démocratie, par exemple, s'oriente vers des remises en question qui en ébranlent les fondements. Le surgissement des foules sur la scène politique avait déjà révolutionné les mœurs. L'organisation de

la société politique était passée de féodalité à l'Etat libéral bourgeois. L'effet du nombre a fait pencher la balance au profit des masses populaires. Les révolutions ont ainsi été possibles.
Mais, la domination de la bourgeoisie n'a pas été de tout repos, car les peuples ont profité du suffrage universel et du syndicalisme pour grignoter sur les pouvoirs exorbitants de la classe dirigeante.

L'avènement des Lumières n'avait pas profité qu'aux élites. La diffusion des connaissances grâce à l'imprimerie avait joué le rôle de catalyseur en faveur de l'engagement politique de ceux qui étaient exclus de la scène politique. il y eut un véritablement changement de paradigme rendu sous le mode de l'inquiétude par les auteurs aristocratiques et conservateurs. C'est notamment le cas de tous ceux qui exprimèrent leur désarroi face à la montée en puissance des foules. La psychologie collective sera appelée à la rescousse pour le salut des gouvernants en butte à des sautes d'humeur de l'opinion. Des études de la société de Tönnies, de l'opinion et du public de Gabriel Tarde, de la foule criminelle, à la Psychologie des foules de Gustave Le Bon, etc. démontraient le besoin de cerner la problématique de l'accroissement exponentielle des foules surtout sur la scène politique. Les études de la psychanalyse de Freud n'avaient pas profité qu'aux nantis. Les peuples se savaient dorénavant suffisamment puissants pour impressionner les gouvernants.

Gustave Le Bon estimait qu'à son époque, deux facteurs fondamentaux étaient à la base de la transformation de la société : la destruction des croyances religieuses, politiques et sociales (d'où dérivent, pour lui, tous les éléments de la civilisation occidentale) ainsi que la création des conditions d'existence et de pensée entièrement nouvelles, engendrées par les découvertes modernes des sciences et de l'industrie. Cela a donné naissance à l'ère des foules qui se traduit notamment par « l'avènement des classes populaires à la vie politique, leur transformation progressive en classes dirigeantes, (qui) est une des caractéristiques les plus saillantes de notre époque de transition. »[26]

Lorsque les médias ont connu des progrès immenses par l'apport de technologies innovantes, les masses populaires sont devenues plus que des simples foules momentanées, des communautés agrégées par les moyens de diffusion d'information des masses. Elles sont devenues également des publics dont l'opinion devait désormais compter. La scène politique en tant qu'espace public devenait acquis aux magnétismes populaires. On assista alors au surgissement de la massification qui brassait les éléments de la société sans égard à leurs conditions sociales. Il s'agissait d'un malaxage et d'un mélange de plusieurs catégories sociales.

---

[26] Le Bon, G., *La Psychologie des foules*, Paris, PUF, 2013, p. 1

Serge Moscovici fit le constat suivant : « Prolétaires ou capitalistes, gens cultivés ou ignorants, peu importe l'origine : les mêmes causes produisent les mêmes effets. A partir des divers fragments hétérogènes se forme un complexe humain homogène : la masse composée d'hommes-masse. Ce sont les acteurs de l'histoire et les héros de notre temps.»[27]

Mais pourquoi et comment en est-on arrivé là ? Moscovici semble trancher sans ambages : les raisons de cet état de choses, il ne faut pas les chercher, comme le veut la conception de la société de classes, dans la concentration des moyens de production et de l'échange, « mais dans les moyens de communication, les mass media, journaux, radio, etc., et le phénomène d'influence. » les individus cèdent le pas aux foules, car les émotions se collectivisent du fait des mass media. Le rythme des actions sociales dérive de cette massification qu'entraînent les puissants moyens de conditionnement social que sont les médias. Il s'en dégage une sorte de télépathie sociale qui, de proche en proche permet aux individus qui ne se sont jamais rencontrés, qui ne se connaissent pas de vibrer aux mêmes émotions. Ces gens finissent par agir dans un même sens, poussés par les mêmes émotions, les mêmes sentiments, les mêmes idées partagés en de nombreux d'exemplaires autant qu'il y a d'individus communiant aux mêmes ressorts psychologiques.

L'ancien régime politique, en disparaissant voit germer sur ses décombres l'avènement d'une société dont les peuples tentent de tenir les manettes de commandement. L'espace public de parole se démocratise, car les gouvernants subissent la loi du nombre. La démocratie gagne en envergure, mais les foules incapables de se diriger par elles-mêmes étant donné que l'autogestion est difficile dans des sociétés à grande démographie, doivent s'en remettre à la compétence publique d'anciens maîtres affichant l'étoffe d'experts et de technocrates de la chose publique. Mais, au moins l'espace public bourgeois se transforme en un espace public total avec l'avènement des moyens puissants de massification. Internet radicalisera les tendances de participation populaire dans l'arène des discussions qu'est l'espace public au point de l'ériger en un espace public total.

La démocratie se mue en un cénacle où règnent les plus à même de répondre au besoin de cette technostructure qui rafle des mains du peuple le pouvoir démocratique. Le manque de capacité gestionnaire le peuple à s'en remettre aux anciens potentats symboliques maîtres des lieux par leurs compétences vis-à-vis des exigences de la modernité. Les médias qui avaient participé à la libération des peuples redeviennent de puissants moyens entre les mains de la domination bourgeoise. En effet, Yves Citton pense qu'à partir d'une

---

[27] Moscovici, S., *L'âge des foules*, Paris, Fayard, 1981, p. 41

certaine taille, les médias dont ont besoin les informations, les perceptions, les affects et les significations pour circuler entre les hommes dans la société, jouent un rôle tellement central qu'on entre nécessairement dans le régime de la médiacratie, « qu'il est leurrant d'imaginer comme une démocratie. »

Il cite l'exemple de Marshall Mc Luhan qui, déjà en 1966, estimait que toute nouvelle technologie, toute extension ou toute amplification des facultés humaines, dès lors qu'elles s'incorporent sous forme matérielle, tendent à créer un nouvel environnement. De cette évidence, il s'était dégagé deux conceptions sur le statut des médias :

Les hommes se situent à l'extérieur des médias et nous les utilisons juste pour communiquer avec nos congénères ;

Les hommes sont incorporés dans les médias au sein desquels ils sont situés comme des cadres symboliques au sein desquels ils sont impliqués quoiqu'en s'en servant comme outils de communication.

Cette dernière approche fait dire à Yves Citton que l'implication en question tient à la fois aux contraintes matérielles qu'imposent nos appareils et réseaux de communication et aux conventions symboliques qui se trouvent historiquement liées aux usages de certains appareils avec les conséquences économiques de surdéterminer ces contraintes et ces conventions. Le recours au terme « medium » qui, à son origine faisait référence au milieu est de bon augure pour appuyer la seconde approche. C'est sur cette base qu'il définit la médiarchie comme « le pouvoir premier, originaire, du medium (entendu comme moyen de communication) sur ceux qui croient s'en servir au sein d'un milieu de perception qu'en réalité ce medium conditionne. »[28]

En illustration de ce conditionnement et de ce surpouvoir que détiennent les médias, on a qu'à considérer la puissance des GAFAM (Google, Apple, Facebook, Amazon, Microsoft). S'il s'agissait du monde financier, imaginons que cinq banques puissent détenir toutes les transactions en numéraires ou des capitaux dans le monde entier ! Il est vrai que cinq grandes puissances régentent tant bien que mal les questions de la haute politique mondiale à travers la symbolique des membres permanents du Conseil de sécurité de l'Organisation des Nations Unies.

Cet espace public total charrie également d'autres négativités qui se sont notamment érigées en cybercriminalités et cybermenaces. Et la cybersécurité essaie tant bien que mal de les combattre. Les dysfonctionnements criminels oblitèrent les atouts que présentent les instruments du cyberespace constitué en un nouvel espace public total. En dehors des travers charriés par les comportements moraux des hommes, on peut mettre aussi en exergue les pratiques

[28] Citton, Y., *Médiarchie*, Paris, Seuil, 2017, p. 49

criminelles sur le net. Il est possible d'en énumérer quelques exemples : le piratage, la diffusion des logiciels vérolés, les attaques informatiques, le hacking, l'hameçonnage, etc. L'hygiène numérique est très polluée par de telles pratiques qui relèvent de la cybercriminalité. Si on pouvait y échapper il y a quelque temps, Rayna Stamboliyska soutient que l'hyperconnexion rend impossible un Internet plein de d'assurance. Elle écrit : « dans le passé, avant qu'Internet n'atteigne le grand public, attaquer le logiciel sur un ordinateur personnel non connecté était difficile (...) Une fois que tous les ordinateurs et leurs logiciels respectifs furent connectés -, la tâche a été facilitée : on pouvait aussi avoir accès à la machine à distance. »[29]

Ainsi, l'écosystème numérique ne suffit pas en lui-même pour faire émerger l'espace public total. Plusieurs faits jouent à rebrousse-poil et contrarient les éléments tirés de l'observation naïve. Tout n'est pas rose sur Internet. Bien au contraire. Ayant libéré les hommes de certaines prisons que la société leur a imposée, la toile ouvre ses propres lieux de bagne et y emmure les esprits au point d'apparaître comme un recul sur plusieurs plans de la vie sociale. C'est le cas de la détérioration du lien social aggravé par la démultiplication que permet Internet. L'omniprésence du discours sur le lien social ne saurait tromper sur la réalité de sa trituration dans ce monde qui, pourtant, ouvre des perspectives pour le raffermissement des connexions sociales. On pensait que l'avènement des réseaux sociaux sonnerait le tocsin pour un bond qualitatif dans la compréhension humaine et la convivialité sociale. Nenni. Le lien social est en crise. Si celle-ci n'a pas été provoquée par le phénomène numérique, Internet lui sert d'adjuvant et d'accélérateur, de diffuseur à grande échelle et de capacité d'archivage quasiment ad vitae aeternam.

Sur la toile, l'intimité est en souffrance. On croit l'avoir commuée en « extimité ». La visibilité est devenue un besoin inexpugnable et irréfragable de la société moderne. On y sacrifie la vie privée en optant pour le dévoilement total et le besoin de reconnaissance. Les médias numériques ne sont pas la cause de cet élan nouveau des participants aux interactions sociales actuelles. Ils en sont des marqueurs. Les NTIC ne font parfois qu'accompagner la marche à la hussarde d'une société qui a choisi de se dévoyer. Elles ne sont pas les causes de la nouvelle ambiance. On constate que « même si la tension entre spécificité et communauté du virtuel par rapport au réel reste présente, nombreux auteurs partiront de ce constat permettant d'emblée de nuancer les perspectives alarmistes qui voient en internet la source potentielle de notre dégénérescence sociétale. » pour appuyer ce constat, le sociologue Dominique Cardon note que les conversations numériques ont

[29] Stamboliyska, R., *La face cachée d'Internet*, Paris, Larousse, 2017, pp. 30-31

ceci de différent des conversations ordinaires que « la présence possible du public s'y fait constamment sentir, soit parce que les internautes parlent de plus en plus entre eux de choses publiques sans se cacher, soit parce pour parler d'eux, ils se décrivent comme des acteurs publics. Ces deux dynamiques, solidaires l'une de l'autre, obligent à penser ensemble le débat sur les formes 'imparfaites' d'expression publique des amateurs, notamment communication à grande échelle et interactive.[30]

Le constat objectif arrive malheureusement à une conclusion peu reluisante. Ceux qui pensent que ou sont favorables à un glissement vers la démocratie directe estiment que les citoyens sont conscients de leurs intérêts et qu'ils comprennent que lorsque ceux-ci sont en jeu, cela accroît leur attention à la chose politique. Cet optimisme est béat, car « l'idée que les citoyens s'intéressent suffisamment à la politique pour participer dans leur presque intégralité aux prises de décisions a peu de fondement ; en réalité, trop peu de gens s'intéressent suffisamment à la politique pour que le référendum devienne un réel moyen de prise de décision. »[31]

---

[30] Arterton, C., « La technique est-elle au service de la démocratie ? », in *Internet et politique*, Les Essentiels d'Hermès, Paris, CNRS Editions, 2012, pp. 35-49

[31] *Ibidem*

Structures éditoriales du groupe L'Harmattan

L'Harmattan Italie
Via degli Artisti, 15
10124 Torino
harmattan.italia@gmail.com

L'Harmattan Hongrie
Kossuth l. u. 14-16.
1053 Budapest
harmattan@harmattan.hu

L'Harmattan Sénégal
10 VDN en face Mermoz
BP 45034 Dakar-Fann
senharmattan@gmail.com

L'Harmattan Cameroun
TSINGA/FECAFOOT
BP 11486 Yaoundé
inkoukam@gmail.com

L'Harmattan Burkina Faso
Achille Somé – tengnule@hotmail.fr

L'Harmattan Guinée
Almamya, rue KA 028 OKB Agency
BP 3470 Conakry
harmattanguinee@yahoo.fr

L'Harmattan RDC
185, avenue Nyangwe
Commune de Lingwala – Kinshasa
matangilamusadila@yahoo.fr

L'Harmattan Congo
67, boulevard Denis-Sassou-N'Guesso
BP 2874 Brazzaville
harmattan.congo@yahoo.fr

L'Harmattan Mali
ACI 2000 - Immeuble Mgr Jean Marie Cisse
Bureau 10
BP 145 Bamako-Mali
mali@harmattan.fr

L'Harmattan Togo
Djidjole – Lomé
Maison Amela
face EPP BATOME
ddamela@aol.com

L'Harmattan Côte d'Ivoire
Résidence Karl – Cité des Arts
Abidjan-Cocody
03 BP 1588 Abidjan
espace_harmattan.ci@hotmail.fr

Nos librairies en France

Librairie internationale
16, rue des Écoles
75005 Paris
librairie.internationale@harmattan.fr
01 40 46 79 11
www.librairieharmattan.com

Librairie des savoirs
21, rue des Écoles
75005 Paris
librairie.sh@harmattan.fr
01 46 34 13 71
www.librairieharmattansh.com

Librairie Le Lucernaire
53, rue Notre-Dame-des-Champs
75006 Paris
librairie@lucernaire.fr
01 42 22 67 13

www.ingramcontent.com/pod-product-compliance
Lightning Source LLC
LaVergne TN
LVHW010941051026
849532LV00003B/1083